总主编◎张颢瀚　副总主编◎汪兴国

人文社会科学通识文丛

关于**教育学**的100个故事

100 Stories of Pedagogy

卢静文◎编著

南京大学出版社

图书在版编目(CIP)数据

关于教育学的100个故事 / 卢静文编著. — 南京：南京大学出版社，2012.2 (2017.10重印)
(人文社会科学通识文丛)
ISBN 978-7-305-09616-7

Ⅰ. ①关… Ⅱ. ①卢… Ⅲ. ①教育学－青年读物 ②教育学－少年读物 Ⅳ. ①G40-49

中国版本图书馆 CIP 数据核字（2012）第 007657 号

本书经上海青山文化传播有限公司授权独家出版中文简体字版

出版发行	南京大学出版社
社　　址	南京市汉口路 22 号　邮　编 210093
网　　址	http://www.NjupCo.com
出版人	左　健
丛 书 名	人文社会科学通识文丛
总 主 编	张颢瀚
副总主编	汪兴国
书　　名	**关于教育学的 100 个故事**
编　　著	卢静文
责任编辑	裴维维　　编辑热线 025-83592123
照　　排	南京南琳图文制作有限公司
印　　刷	江苏凤凰扬州鑫华印刷有限公司
开　　本	787×960　1/16　印张 13.25　字数 245 千
版　　次	2012 年 2 月第 1 版　2017 年 10 月第 3 次印刷
ISBN	978-7-305-09616-7
定　　价	35.00 元
发行热线	025-83594756　83686452
电子邮箱	Press@NjupCo.com
	Sales@NjupCo.com（市场部）

* 版权所有，侵权必究
* 凡购买南大版图书，如有印装质量问题，请与所购图书销售部门联系调换

江苏省哲学社会科学界联合会
《人文社会科学通识文丛》编审委员会

总 主 编 张颢瀚

副总主编 汪兴国

执行主编 吴颖文

编 委 会（以姓氏笔画为序）

王月清	左　健	叶南客	汤继荣
刘宗尧	汪兴国	陈冬梅	杨金荣
杨崇祥	李祖坤	吴颖文	张建民
张颢瀚	陈玉林	陈　刚	金鑫荣
高志罡	董　雷	潘文瑜	潘时常

选题策划 吴颖文　王月清　杨金荣　陈仲丹
　　　　　　李　明　倪同林　王　军　刘　洁

前　言

今天,教育几乎无处不在,无人不知,大多数人从小到大都要接受各式各样的教育,或者学校教育,或者课外培训,或者职业训练,等等不一。然而,究竟什么是教育?苏格拉底说:"教育不是灌输,而是点燃火焰。"爱因斯坦说:"当在学校所学的一切全都忘记之后,剩下来的才是教育。"世界最古老的教育学专著《学记》中说:"师也者,教之以事而喻诸德也。"众说纷纭,莫衷一是。从教育的定义延伸开来,我们发现日常生活中出现的教育问题、教育现象,也是层出不穷、五花八门的,由此诞生的教育理论和思想更是推陈出新,变化万千。

于是,研究教育现象和教育问题,并试图揭示教育规律的一门科学出现了,就是教育学。教育学是伴随着教育产生而发展的,直到17世纪才由哲学家培根正式提出这一概念。随后,在社会变革和科技快速发展的影响下,教育学突飞猛进,研究领域不断扩大,并进一步分化综合,成为拥有几十门分支学科的学科群。

教育学不是教育经验汇编,也不是教育方针政策,只有将教育的实践经验提升到理论高度,从教育经验中总结出教育规律,才能够丰富和发展教育学。现代人普遍认为,教育的发展不仅仅关乎一个人的未来,往往还关乎一个民族、一个国家的进步。

犹太人是以教育立国的典型代表。在犹太民族中,孩子们从三岁就要开始上学,成人之后仍要继续提高自身修养,直到生命结束。这与中国"活到老学到老"的古训一致。

犹太民族中有一位名垂千古的大学问家希勒尔,他年轻时最大的愿望就是研究"犹太律法"。可是希勒尔家境贫穷,而且必须从早到晚工作,既没有钱又没有时间,怎么实现自己的愿望呢?希勒尔并没有被困难吓倒,他发现了一个可以实践愿望的机会。于是他每天拼命工作,将收入的一半留下来生活,另一半交给学校的守门人,请求他允许自己进去听课,听听贤人们都在说什么。

靠这个方法,希勒尔学到了很多知识,由于钱太少,他不得不常常饿着肚子去听课,不过在他心里,痛苦的不是饥饿,而是担心哪一天守门人拦住自己,不让他走进学校。

正是无数"希勒尔",塑造了犹太民族辉煌的历史,使其成为人类历史上在科学、文化、艺术等领域作出杰出贡献的民族。

本书采用故事与理论结合的形式,经由近百个生动有趣、寓意深刻的小故事组成,为您讲述了人类教育与教育学、教育与教学以及教学方法中涉及的常识、理论和经验。既有传统教育学基本思想、基本方法、基本概念,又有当前学科发展前景,尤其是心理学、教育技术、教育新思潮,以及当代教育家大胆的教育实践,力求全面准确地为您展示当代教育学的基本状况。

阅读本书,可以让您获得关于教育与教学的基本策略和技巧,树立大教育观,更好地理解和处理生活中的教育问题。

希望所有关心孩子成长的家长、在校学生、教师以及关心个人教育、渴望个人进步的人,都来阅读参考,从中汲取营养。

目 录

一、人类成长离不开教育——教育与教育学

迷途知返的培根，提出"教育学"概念却不能完善教育学结构　　2
乐羊子求学半途而废是教育学研究的现象之一　　4
公平的交易揭示教育学的本质在于信息传递　　6
"教师之师"第斯多惠对教师的五项要求催生了杜威的教育学三原则　　8
母狼喂养的孩子无法说话，充分揭示了教育学原理　　10
获奖小论文奇遇记说明了教育学的社会基础　　12
伯乐相马相出教育学的科学基础来源　　14
蔡元培的五项教育宗旨，旨在建立教育学的理论体系　　17
老贝利教子教出教育活动的四要素　　20
从不写论文而遭人嘲讽的教授提出了教育学的任务　　22
致力于民族独立的夸美纽斯论述教育的目的和作用　　24
勤奋的家庭老师赫尔巴特提出普通教育学　　26
艾宾浩斯的记忆曲线提醒人们注意教育心理学　　28
令人刮目相看的吕蒙读书读出教育社会学意义　　30
以貌取人孔夫子，验证教育学的历史发展　　32
鹦鹉唱歌缺乏实验教育学精神　　34
"公共教育之父"贺拉斯·曼强调公立教育　　36
求缺不求全，陈嘉庚致力于私立教育　　38
高价的石头解读杜威提出的教育本质　　40

二、教育离不开教学——学以致用，教书育人

借一分还十分告诉我们教学的实质是什么　　44
"幼儿教育之父"福禄贝尔创办第一所幼儿园，是学前教育学的良好开端　　46
从苏珊的帽子联想小学教育　　48
三毛"吃"鸭蛋吃出中学教育的敏感性　　50
"现代大学之父"威廉·冯·洪堡推行大学教育　　52
卖油翁的表演属于职业教育范畴　　54
天鹅之死在于过重的课外教育　　56
造父学驾车得益于会处理师生关系　　58

张伯苓戒烟戒出教师的基本素养	60
纪昌学射,懂得尊重课程目标	62
人生第一课展示儿童智力发育的四大因素	64
为了看太阳而迟到,表现出学校、家庭、小区三教育合力的意义	66
会养河马的饲养员就像会教学的老师需要深谙学生习性	68
喜鹊当老师,不能按照课程实施教学	70
亚里士多德"逍遥游",游出最初学制设想	72
柏拉图创建"理想国",首次提出教育制度问题	74
受到惩罚的未来科学家演绎教学过程	76

三、教学要讲究方法——开启教育成功的钥匙

"GOOD MORNING"的回应,抨击注入式教育的缺点	80
苏格拉底问答问出典型的启发式教育	82
和尚打井打出新行为主义教育	85
塌鼻子男孩渴望人本主义的教育	87
懒朋友发现稀有花卉,是蒙田遵循自然法则的教学实例	89
爱乐园中萌生的游戏和实物教学法	91
庖丁解牛解出赫尔巴特的四段教学法	93
演说家昆体良注重讲授法	96
怀疑论文是否抄袭的老师,忽略了谈话法	98
智者回答问题答出讨论法意义	100
井底之蛙看不到更广阔的天空,提醒我们重视参观法	102
让弟子踩着背翻墙入室的老禅师,充分发挥演示法作用	104
宋人学偷不成因为不能体会陶冶法深意	106
国学大师屈万里质问最勤奋的学生问出评价法	108
邯郸学步学成爬行动物,在于不懂练习法	110
圆圈测试测出实验教学法	112
耳聋少女受益于赏识教育法	114
帕克的进步教育运动,促生昆西教学法	117
三颗糖的故事与孟禄的设计教学法	119

四、方法决定成败——教育是人生的助推器

未来的州长告诉人们什么是德育教育	122
打工仔感动外商,源于母亲的劳动教育	124
失足青年的良师马卡连柯,注重思想教育与劳动教育	127
耶稣丢樱桃,使彼得接受形式教育	129
牛奶海洋中的玩乐,提醒形式教育与实质教育之别	131

2

曾子杀猪体现了福泽谕吉强调的家庭教育	133
分苹果的故事,体现心理健康教育	135
断臂自救的男孩实践社会教育	137
为女皇制订教学计划的狄德罗,提倡平等教育	139
松开的鞋带是一种创新教育	141
摆小摊的总理母亲,强调儿子的素质教育	143
倒满的茶水无法满足终生教育和终生学习	145
二十美元买来一小时的孩子,渴望情感教育的和谐发展	147
赠人以玫瑰的苏霍姆林斯基,注重个性全面和谐发展教育	149
第一夫人积极投身于教育,体现了集体主义教育原则	151
快乐的拾穗者告诉子贡什么是永恒主义教育	153
不肯接受回头浪子忏悔的老方丈,必须接受批判教育	155

五、教育的成败关乎未来——智慧闪耀的星空

写下目标、写下未来,体现了一般发展的教育思想	158
揠苗助长违背科学主义教育的原理	160
傅立叶的空想社会主义,扩大了教育的社会功能	162
从"楚娃学齐语"到名著《学记》,揭示最早的教育学理论	164
享誉全球的《爱弥儿》,倡导自然主义教育思想	166
洛克的"白板"理论,建构完整的绅士教育理论体系	168
拯救孤儿的勇气让裴斯泰洛齐提出著名的要素教育思想	170
博学的秀才买不来木柴,泰勒原理诞生	173
女医生蒙特梭利的自由——蒙氏教育法	175
从斯宾塞的快乐教育法到主知主义教育思想	178
最聪明的老师和徒弟,演绎泛智教育思想	180
在荒地上种花种出一片教育资源	182
从观察研究自己孩子入手的皮亚杰,倡导著名的发生认识论	184
孩子的抱怨,提醒老师注意教育学的理论性与实践性	186
快乐的城堡让你看到教育学的本土化与国际化	188
唤醒石狮子的同时,也唤醒了教育学的后设研究	190
从远古的传说到现代教育技术在教学中的作用	192
盲从的牛群不懂教育学研究范式多样化	194
河神望洋兴叹,叹出教育学的发展现状与发展前景	196
小天使的赞语,提醒我们教育应该现代化	198

3

一、人类成长离不开教育

——教育与教育学

迷途知返的培根,提出"教育学"概念却不能完善教育学结构

教育学是以教育现象、教育问题为研究对象,归纳总结人类教育活动的科学理论与实践,探索解决教育活动产生、发展过程中遇到的实际教育问题,进而揭示一般教育规律的一门社会科学。

17世纪时,有一位英国年轻人醉心于权力,想尽办法希望做高官掌大权。虽然国王一度冷落他,可是他的权力之心不仅未曾磨灭,反而越来越强烈。后来,老国王去世,新国王詹姆斯六世登基。年轻人认为机会来了,他为了巴结这位新国王,将自己写的著作赠送给他,祈求新国王给予自己一官半职。

努力换来了回报,詹姆斯六世任命年轻人做了英国检察长,这是一个显赫的职位,年轻人十分得意。几年后,年轻人升任英国大法官,还被授予爵位。一切似乎都很顺利,年轻人觉得自己前途无量。

然而就在这个时候,国王与国会之间的斗争愈演愈烈,那些国王提拔起来的高官,随着国王的失势,也失去了官职,沦为平民。这是不是平息了年轻人做官的野心呢?没有,年轻人雄心不改,一心渴望东山再起,重掌权力。于是他四处奔走,结交权贵,宣传自己,甚至不惜采取各种卑劣的手段。

可是这次幸运女神没有眷顾他,年轻人所有的付出都化为泡影,他的政治梦想彻底破灭。当清楚自己的处境后,年轻人追悔莫及,他痛恨自己为了权势浪费了大好青春。痛定思痛,年轻人终于明白自己的归宿不是政治,而是哲学。哲学是他最喜欢的学问,从此他专心一意地研究哲学,真正开始了自己一生中最有价值的生命历程。

这位迷途知返的年轻人,就是大名鼎鼎的思想家培根。培根专心于哲学后,为人类作出了许多重要贡献,他在撰写《论科学的价值和发展》中,首次把"教育学"作为一门独立的科学提出。此后,教育学正式登上了人类科学的殿堂。

那么,什么是教育学呢?

以教育现象和教育问题为研究的对象,对人类教育科学理论和实践活动进行归纳总结,进而针对教育活动产生、发展过程中遇到的各种实际问题进行探索,寻找到解决问题的方法,在此基础上,揭示出一般的教育规律,这样的一门社会科学被称为教育学。

教育早已成为广泛存在于人类生存发展活动中的普遍社会现象,是人类有目的地培养下一代人才的一种活动。为了有效地开展这种对后代的教育活动,人类势必要对这种活动进行不断地探索、总结和研究。经过长期的累积,这种教育活动就成为了教育学特殊、特定的研究对象。

教育学既然是研究教育问题的一门学科,自然就会牵扯教育的诸多方面,涉及教育的各种问题,例如教育的本质问题;教育与人、社会三者之间的关系问题;教育的目的、教育的内容,以及教育实施的方法、途径、采用的形式问题;教育的实施问题;教育的主体问题;教育的制度和教育的管理问题;不同的国家、地区、民族、种族等教育的差异,等等。

通过对这些现象和问题的研究,揭示教育存在的一般规律和普遍规律,这就是教育学的根本任务。

为此,教育学具有客观性、必然性、稳定性、连续性、重复性等特点,同时,由于它研究的对象是一种普遍的社会现象,又使教育学具有现实性、辨证性和科学性的特征。

小知识

弗兰西斯·培根(1561~1626),英国哲学家、思想家、教育家、作家和科学家,被马克思称为"英国唯物主义和整个现代实验科学的真正始祖"。因其博学,他被人们誉为"万能博士"。著有《新工具》、《论说随笔文集》等。

乐羊子求学半途而废是教育学研究的现象之一

教育学就是以人类教育现象和教育问题,以及教育所包含的一般规律为研究对象;是探索和揭示教育与人、社会之间,以及教育内部各因素之间,所存在的内在本质的必然联系和相互关系,并用以服务于教育活动的实践对象。

战国时期有个叫乐羊子的人,为了学本领离开家乡,去很远的地方拜师学艺。由于远离故乡亲人,没多久,乐羊子就非常想家,按捺不住回家看看的念头。

这天,乐羊子偷偷回到了家乡。他的妻子是位非常贤惠、明事理的女人,此时正在织布,眼看一匹布就要织完了,忽然听到外面有人喊自己的名字,出门一看,竟是丈夫回来了。她盯着丈夫上下打量着,奇怪地问道:"你怎么这么快就学完了?"

乐羊子回答:"还没学完呢!离家久了,我很想家,所以就回来看看。"

没想到乐羊子的妻子听了这话,一脸不高兴,她觉得丈夫学习不专心,虎头蛇尾,不能善始善终。于是她将丈夫拉进屋内,拿出一把剪刀,当着丈夫的面,将快织好的布一刀剪成两段。乐羊子大惊,急忙阻拦,却来不及了。看着丈夫惊慌的样子,妻子问乐羊子说:"你知道我为什么要剪断这匹快织好的布吗?"

乐羊子忙问:"这到底是为什么?"

"你知道,织成一匹布需要好几天的时间,必须每天辛辛苦苦,一点一滴有耐心地织。现在我把它剪成两段,就是让你明白,拜师学艺和纺线织布是同一个道理,做事情都不能半途而废,否则就像这匹剪

孟母断机教子的典故也同样表达了学习应该持之以恒,不能半途而废的道理。

断的布一样,以前的辛苦都白费了!"妻子语重心长地说道。

乐羊子听了妻子的话,犹如醍醐灌顶,连忙感激妻子的教导,跟妻子道别,重新踏上离家求学的道路。

乐羊子半途而废,也可以叫辍学,是常见的教育学问题。自从教育学产生以来,人们对教育学的研究对象就有了各自的观点,众说纷纭,难以定论。有人认为教育学研究的是教育现象,有人认为教育学的研究对象是教育事实,有人认为是教育规律,还有人认为是以上两者或者三者的综合。甚至有人笼统地认为,教育学研究的对象就是教育和人。但是,这些说法都不够准确,也不够全面。

现代教育学对教育学研究对象比较认可的观点是,教学研究对象是人类教育现象和教育问题,以及教育所包含的一般规律等。例如,教育活动与人的成长、发展之间的关系;教育与社会的关系,包括政治、经济、生产、宗教、文化、人口等诸多方面的关系;教育内部各种关系,包括学校教育、家庭教育、社会教育之间的关系,小学教育、中学教育、大学教育之间的关系,教育目标与教学活动的关系,教育的施教者与受教育者之间的关系,受教者的学习目的、动机、态度、方法以及学业成绩之间的关系等。这些关系都存在着普遍性的规律,这些规律就是教育学研究的重要内容。

从教育学的研究对象就可以看出,教育学的研究目的和任务就是为了探讨、揭示教育存在的各种规律,阐明教育的各种问题,建立科学合理的教育理论体系,促进教育顺利发展。

小知识

苏格拉底(前469~前399),古希腊著名的思想家、哲学家、教育家。他和他的学生柏拉图以及柏拉图的学生亚里士多德,被称为"古希腊三贤"。苏格拉底终生从事教育工作,具有丰富的教育实践经验并有自己的教育理论。他的问答法对后世影响很大,直到今天,问答法仍然是一种重要的教学方法。

公平的交易揭示教育学的
本质在于信息传递

客观世界中,大量存在、不断产生和传递着以不同方式表示出来的各式各样的信息,它们由意义和符号两部分组成,以声音、语言、文字、图片、动画、气味等方式表现出实际内容和含意。教育的目的就是把这些信息传递给未知者、受教育者。

从前有一位面包师父,他长期从隔壁农民那里购买制作面包用的黄油。有一天,面包师父感觉三磅重的黄油似乎比以前轻了些,便有些不悦,回到家忙不迭地拿出秤,称了称黄油的重量,并且记录下来。就这样,面包师每次从农民那里买回来的黄油都要称一下,结果令他十分生气,因为他发现每次买来的黄油分量都不足。于是,他向执法机关提起诉讼,将事情闹到了法官那里。

法官接受了面包师父的起诉,并派人将农民请到法院。农民不知道自己犯了什么罪,竟然有人将自己告到法院。

"法官先生,您能告诉我,我究竟犯了什么罪吗?"

"你的邻居,面包师父,起诉你每次都克扣他的黄油,你有权反驳。"法官先生说道。

"喔,天啊!这不可能!我做生意讲究的是一个'信'字,我以上帝的名义起誓。"

"别急!你只要回答我几个问题,事情便会水落石出。"

"好的,我非常乐意效劳,法官先生。"

"请问,你有天平吗?"法官先生问道。

"有,法官先生。"农民回答道。

"那你有很准的砝码吗?"法官继续问道。

"没有,法官先生,我是不需要砝码的。"农民回答道。

"没有砝码,你怎么称黄油呢?"

"就在面包师父从我这儿购买黄油的这段时间里,我也一直买他的面包,我总是要同样重量的面包,而这些面包就作为称黄油的砝码。如果砝码不准,那就不是我的过错,而是他的过错了。"于是法官判定农民无罪,而面包师父不得不承担诉讼的费用。

公平的交易揭示教育学的本质在于信息传递

这个有趣的故事,生动地再现信息传递的特点:双向性。信息传递不是单纯的从此到彼,而是一个互相影响的过程。教育的过程,正是一个信息传递的过程。人类的所有社会活动,都要依赖于信息传递,信息传递是一个交互活动,这就为教育的产生和发展,提供了广泛的基础。

信息传递,就是教育的本质。那么什么是信息呢?信息是以物质介质为载体,是客观事物状态和运动特征的一种普遍表现形式。信息既不是物质,也不是能量,而是物质运动的规律体现。教育的目的,就是把这些信息传递给未知者、受教育者。

从信息的特征上看:

首先,信息具有可识别性,人们可以经由感官和各种测试手段对信息进行识别。

其次,信息具有可储存性,可以透过各种方法进行储存。

第三,信息具有可扩充性,可以随着时间的变化不断得到补给和扩充。

第四,信息具有可压缩性,人们可以从对信息的加工、整理,进行概括和归纳,使之精练浓缩。

第五,信息具有可传递性,信息的可传递性是信息的本质特征,也是教育和教育学得以产生的基础。

第六,信息具有可转换性,可以从一种形态转换成另一种形态。

第七,信息具有特定范围内的有效性,这一特性,是导致教育内容不断演变的主要因素。

正因为信息具有上述特点,才使得教育和教育学的产生和发展成为可能,如果没有信息、没有信息传递,教育就不会产生,也没有存在的必要了。

小知识

柏拉图(约前427~前347),古希腊哲学家、教育家。他十分重视教育的社会作用,是西方教育史上最早提出教育具有重大政治意义的思想者,把教育看做是建立和巩固"理想国"的工具,并认为教育是改造人性的方法。他也是西方教育史上第一个提出完整的学前教育思想,并建立了完整的教育体系的人。他一生著述较多,其教育思想主要表述在《理想国》、《法律篇》等著作中。

一、人类成长离不开教育——教育与教育学

"教师之师"第斯多惠对教师的五项要求催生了杜威的教育学三原则

关于教育学三原则的核心理论,约翰·杜威表述如下:第一,教育即生活;第二,教育即成长;第三,教育即经验的改造。

第斯多惠是德国教育家,被尊为"教师的教师"。1790年,他出身于法官之家,从小接受了良好的教育。在大学期间,第斯多惠受卢梭和裴斯泰洛齐的教育思想鼓舞,立志从事教育工作。

大学毕业后,第斯多惠如愿以偿地做了一名教师。他在工作中效法卢梭,大胆进行改革,虽然取得了很好的效果,却受到同行和世人们的嘲笑,人们对他的所作所为似乎不屑一顾。

第斯多惠十分激愤,他觉得这些人的思想太守旧了,自己应该勇敢地与落后势力抗争。针对当时德国等级森严的教育制度,他提出了"教育平等"的口号,对于教会教育的弊端,他力主教育必须科学化。

年轻的第斯多惠,以敏锐的眼光看清了阻碍教育发展的主要原因。1820年,他来到了默尔斯师范学校担任校长。在这个职位上,第斯多惠按照自己的主张,制订了一系列教育计划,重新编排了课程内容,并且配备了教师。有了这些工作经验的累积,第斯多惠在教育界声名鹊起。为了推动教育改革,他亲自承担教学任务,可以说把整个身心都奉献给了师范教育事业。皇天不负苦心人,在第斯多惠的努力下,默尔斯学校培养了一大批德才兼备的初等教学人才,为德国教育作出了突出贡献。

1832年,第斯多惠成为柏林师范学校的校长。在这所更大、更高级的学校里,他开始传授教育学及分科教学法。经由亲身实践,他认识到了教育与社会之间关系密切,一个国家的外部事务可由

第斯多惠终生致力于发展国民教育,被誉为"教师的教师"。

政治解决,但是整个国民的素质提升必须由教育来完成。实现二者的结合和统一,需要透过全民族的公共教育来实现。

经过多年教育实践的磨练,第斯多惠创立了一套完整深刻的理论思想体系,并主编了《德国教师教育指南》一书,这是教育史上第一本论述教师培养的专著。

第斯多惠毕生都在为德国的教育事业而奋斗,为培养优秀教师而努力。为了提高教师的教学品质,他提出了切实可行的五项要求:

第一,必须具有进步的思想态度,反对保守主义倾向,为国民教育而抗争。

第二,必须具有引人入胜的教学方法,让教育充满情趣。

第三,应该以坚定的精神状态,精力充沛地进行教学工作,保证学生充分思考。

第四,注意培养学生良好的表达能力,让学生善于正确地表达知识和思想。

第五,不能满足于已有的知识,应该不断进行自我教育,加强专业教育。

五个要求反映了教师工作的特点,至今仍有一定的现实意义。第斯多惠在致力于教师培养的过程中,根据多年教学经验,还创造性地发展了教学理论体系,概括出许多操作性强的教学方法,在教育学史上占据了重要地位。在第斯多惠教学思想的影响下,世界著名的教育家杜威提出了著名的教育学三原则:教育即生活,教育即成长,教育即经验的改造。

教育的目的就是传递人类累积的生产和生活经验,丰富人类生存经验的内容,增强人类经验,指导人们生活和适应社会的能力,进而有效地把人类的社会生活连结起来,推动人类社会不断向前发展。广义的教育,泛指个人在社会生活中,经过与他人接触交往,彼此相互影响,接受他人信息,逐步扩大和改进自己的社会生活经验,进而掌握一定的知识技能,形成自己的思维习惯、生活行为方式。由此可以看出,人们改造经验是与人的社会生活紧密联系、密不可分的,这种对经验的改造,能够促使个人顺利成长,这就是杜威提出教育即生活、教育即生长、教育即经验改造的基础。

在此基础上,杜威认为,教育应该无目的,"学校即社会"。人们在社会中参加真实的生活实践,才是身心成长和改造经验的正当的、最为有效的途径。为此,作为施教者的教师,应该把传授知识的课堂变成受教者的生活实验场、儿童活动的乐园,引导儿童等受教者积极主动、自觉自愿地投入到活动中去,从活动中获取知识,养成思考习惯,实现生活、生长以及经验的改造。教师要以儿童及其受教育者为中心,在教材的选择上要引进基本的社会事物,以儿童及其受教者本身的社会活动为主,要使受教育者从做中学,从活动中学。

一、人类成长离不开教育——教育与教育学

母狼喂养的孩子无法说话，充分揭示了教育学原理

教育学原理，就是研究教育学中的基本理论问题，探求教育的一般原理和规律。这种研究和探求，是以人脑对教育的特殊作用为基础的。

印度加尔各答附近有一个小山村，在1920年，村子里发生了一起震惊世界的事件。当时，村子周围常有野狼出没，危害村民和家畜。有一次，人们在追捕野狼时，一直追到了狼窝，并打死了母狼。母狼死了，人们壮着胆子走进狼窝，打算捕捉里面的幼狼。当他们走进去之后，意外地发现里面竟然有两个由母狼抚养长大的女孩！这两个女孩一大一小，大的七八岁模样，小的只有一两岁。

村民把两个狼孩接回村中，并分别为她们取名卡玛拉和阿玛拉。后来，卡玛拉和阿玛拉被送进了孤儿院。孤儿院院长辛格十分关注两个狼孩的成长，不仅给予她们无微不至的关照，还试图通过教育，让她们重新做人。

辛格撰写了《狼孩和野人》一书，详细记载了两个狼孩在孤儿院的生活经历。一开始，这两个狼孩的生活习性和狼一样，她们用四肢行走，白天睡觉，到了晚上才出来活动。很明显，她们害怕火和光，不敢接近水源。她们不会说话，只知道饿了寻觅食物，吃饱了倒头大睡。当辛格给她们素食时，她们不屑一顾；对于肉食，她们也不会用手拿，而是把其扔到地上，然后低下头用牙齿使劲撕咬。更让人们骇然的

在古罗马神话中，罗马城的创始者罗慕洛斯兄弟就是由母狼哺育长大的

是，每当到了午夜后，狼孩便开始伸着脖子嚎叫，声音与狼叫无异。

辛格为了教化狼孩，费尽心思地教她们说话，不幸的是，阿玛拉第二年就死了，卡玛拉也仅仅活了九年。在这段时间内，她接受了七年教育，却只掌握了四十五个词语，勉强会说几句话。当她开始朝着人类的生活习性迈进时，又不幸去世了。据估计她当时大约十六岁，不过智力水平只相当于三四岁孩子的水平。

狼孩的故事后来广为流传，人们逐渐认识到后天实践和劳动在成长阶段的关键作用。特别是从孩子出生到上小学之前，这个年龄阶段对人的身心发展极为重要，如果错过了这个关键时期，人的心理发展会受到无法弥补的损失。所以当一个婴儿长期脱离人类社会环境时，他的大脑是不能产生与语言相关联的抽象思维和意识的。

母狼无法教会孩子语言，这直接证明了教育与人脑的关系，揭示出了教育学的基本原理离不开人脑的发育。

首先，人脑发育需要良性刺激。每个生命都会经历生长发育，不断成长的过程，而人脑的发育，会伴随人的一生。人脑的发育，离不开外界良性的刺激，而教育是重要的刺激方式。如果遭遇不良的外界刺激，或者受到伤害，人的大脑发育就有可能被终止或者延缓。狼孩就是小孩长期与世隔绝，受不到人类教育等良性刺激，导致大脑发育迟缓的结果。

其次，人脑的生长发育具有普遍性。人的一生，大脑的发育过程具有普遍相似的规律。从幼儿到老年，不同的人生阶段，大脑的生长发育和新陈代谢的速度也不相同。青少年时期，人们的记忆力普遍较强；中年时期，人们的理解能力全面提高；到了老年，敏锐的洞察力成为了优势。

再次，人类大脑的发育水平，存在着个体的绝对差异性。每个人所处的生长环境都不同，包括家庭、社会等环境都不可能完全一样，这就导致了每个人的大脑发育水平和与之相对应的内外部教育环境是有很大的不同的，有时差别性会很大，这种个体性差异，也是因材施教理论提出的基础。

最后，由于大脑发育和环境的差异性，导致了个人教育信息来源的差异性。这种差异性导致了每个人获得的教育信息量绝对不相等，这就是相同班级的学生，学业成绩不同的重要原因。

> **小知识**
>
> 昆体良（约35～约95），古罗马时期的著名律师，皇室委任的第一个修辞学教授，也是公元1世纪古罗马最有成就的教育家。他的教育理论和实践都是以培养雄辩家为宗旨的，著有《雄辩术原理》。

一、人类成长离不开教育——教育与教育学

获奖小论文奇遇记说明了教育学的社会基础

教育离不开社会，教育是有目的地培养社会人的有组织、有计划的社会行动。教育学就是为了有效地进行教育活动，对教育进行研究探索，并经过长期累积，使教育成为特定研究对象的社会科学，是社会不断发展的产物。

美国伊格洛克中学的一名学生，出人意料地获得了爱达荷瀑布市科学大会一等奖。这当然是一个轰动性的新闻，因为他的获奖论文只有区区一百多字，然而这篇小文章得到了与会评审委员们的一致好评。这些评审都是大名鼎鼎的科学家，他们无一例外给了肯定票，认为这篇文章当之无愧应该获得一等奖。为何这么多科学家会为一篇中学生的小论文倾倒呢？我们不妨看看这篇文章的内容。

这篇小论文的内容比较简单，大意是呼吁人们签署一份请愿书。请愿书中提到了一种化学物质"一氧化二氢"，并要求对它进行严格控制，甚至干脆完全予以废除。为什么要这么做呢？文中列举了"一氧化二氢"的种种劣迹：一、它会引发过多的出汗和呕吐；二、它是危害极大的酸雨的主要成分；三、这种物质处于气体状态时，容易引起严重灼伤；四、一旦发生事故，吸入此物质可以致命；五、此物质是产生腐蚀的成因；六、此物质可以影响汽车启动装置效率；七、该物质存在于癌症病人的肿瘤中。

鉴于以上几大"罪证"，小论文的作者——那位获得大奖的中学生，询问过五十个人，想知道他们是否同意禁止使用这种物质。结果大多数人的观点较为一致，四十三个人坚决地表示一定要禁止使用该物质，避免更大的危害和牺牲，支持率占到百分之八十。六人表示先考虑一下，态度比较诚恳，占百分之十二。只有一个人看了中学生的论文分析，表示惊讶地说："一氧化二氢？一氧化二氢不是水吗？水怎么可以禁止使用？"至此，好多人恍然大悟，原来注意到科学常识的人太少了，只有百分之二。

谜底揭晓，所有人不禁哑然失笑，人们往往关注一些危言耸听的东西，却忽略众所周知的常识问题。这个简短的故事告诉我们，教育如果脱离社会实践，将是多么脆弱。

教育学既然是一门社会科学，那么教育学的发展必然有着广泛的社会基础。

就像小论文中讲到的课题一样,教育学的发展,同样也会受到社会各种因素的左右和影响,这就注定了教育学不可能脱离整个社会的发展,而成为空中楼阁。

国子监辟雍建于清乾隆四十九年(1784),是我国现存的唯一的古代"学堂"

教育学的社会性体现在,随着现代社会和现代教育实践的发展,社会对教育学研究提出了更新、更高的标准,需要教育学深入研究的教育问题越来越多,这就促使了教育学必须适应社会的发展,以社会的需求为主体发展目标,不断适应社会千变万化的发展态势。

教育学受社会发展影响,必须不断解决下列问题,例如不同社会时期教育的本质问题;不断变化的人、社会、教育三者的关系问题;不同社会时期教育的目的、内容、教育实施途径、方式、方法以及彼此的相互关系问题。随着社会的演进,教育的主体问题、教育的制度问题、教育的管理问题,都会面临新的挑战,发生新的变化。教育学必须以这些社会变化为基础,不断经由对各种教育现象和问题的研究,揭示教育在社会发展变化中呈现出来的基本规律和特点。

教育学是社会不断发展的产物,它的社会性注定了它的发展必须要扎根于整个社会的发展,必须与社会发展需求相适应,成为社会发展的有效促进力量。

伯乐相马相出教育学的科学基础来源

教育学是一门独立的社会科学,有着广泛的科学基础。首先,教育机理的科学性;其次,教育内容的科学性;再次,教育方法的科学性;最后,科学技术的发展,为教育学研究提供了更多科学的方法和手段,也为教育学的科学化,提供了更多的可能。

传说,天上负责管理马匹的神仙叫伯乐,因此人间借用这一称谓,把善于相马的人也称为伯乐。春秋时期,第一位被称为伯乐的人诞生了,他本名孙阳,对马的研究非常透彻,后来,人们渐渐忘记了他的本名,干脆称呼他为伯乐。

伯乐相马出了名,一次受楚王重托购买千里马。伯乐对楚王说:"日行千里的马不多见,寻找起来恐怕有些困难。我打算到各地寻访,请大王不要着急,我一定会尽力办好这件事。"

随后,伯乐跑遍大江南北,去了好几个国家,特别是盛产名马的燕、赵一带,他寻访非常细心,也非常辛苦,可是仍一无所获。正当他满怀沮丧,准备从齐国返回楚国时,忽然看到路上一辆拉盐的马车,正吃力地行进在陡坡上。马显然累坏了,呼呼喘着粗气,每迈出一步都极其艰难痛苦。伯乐是马的朋友,对马格外亲近,看到这匹受累的马,急忙走了过去。

当伯乐快要走近马匹时,奇迹发生了。马忽然昂起头颅,瞪大了眼睛,像是注足了力量一般大声嘶鸣,似乎要对伯乐倾诉什么,一副诚恳的神情。伯乐听到这一阵嘶鸣,当即判断出这匹马绝非劣马,而是一匹难得的良驹。于是他赶紧对驾车的人说:"这是一匹适合在疆场驰骋的良马,可是用它来拉车,却不如普通的马,你能不能把它卖给我呢?"

驾车的人听了这话,心想:"这匹马从来不好好工作,吃得不少,却骨瘦如柴,实在不堪一用。如今有人愿意买,我正好趁此处理了它。"于是他高兴地同意了这个提议,接过银两,将马交给了伯乐。

伯乐终于购得了千里马,十分开心,急忙赶回楚国交差。在楚王宫前,他拍着马的脖子说:"我为你找到了好的主人啦!"千里马似乎听懂了伯乐的话,它抬起前蹄引颈长嘶,声如洪钟,直达云霄。楚王听到马的嘶鸣声,连忙跑到宫外观看。这时伯乐走上前,指着马说:"大王,我为您带来了千里马,请仔细观看。"

楚王看了一眼面前的这匹马,不禁皱起眉头,因为它太瘦了,简直瘦得不成样子。楚王以为伯乐糊弄自己,不高兴地说:"我相信你相马的才能,才交给你买马的重任。可是如今你买的马好像连走路都很困难,能上战场作战吗?"

伯乐坚定地说:"大王,这确实是匹宝马。由于它一直被用错了地方,没有得到精心喂养,所以才如此瘦弱。只要精心喂养,您放心,不出半个月,它就会恢复体力。"

楚王半信半疑,命令马夫精心喂养千里马,果然十几天后,这匹马变得精神饱满。楚王骑上宝马,扬鞭疾驰,只觉得两耳生风,眨眼间已跑出百里之外。

此后,千里马驰骋沙场,立下赫赫功绩。伯乐因此更加受到世人尊重,人们把他视为马的良师益友。

伯乐相马不是巫术,是建立在长期的相马经验基础上的,有一定的科学依据。随着科学技术的发展,特别是近现代心理学、生理学的崛起,为教育学的科学化提供了肥沃的土壤和技术上的有力支持。

尤其是在现代社会,各种科学技术得到突飞猛进的发展,教育实践得到了极大地丰富,具有空前的广泛性,客观上大大地推进了教育学的发展,为教育学带来了质的飞跃。

教育学是一门独立的社会科学,之所以具有独立性,首先取决于它有独特的研究对象,这个研究对象就是人类特有的教育现象和教育问题,以及人类教育蕴含的

伯乐相马

15

一般规律。研究对象的特殊性,也注定了教育学有独特的科学性。

教育学的科学性主要体现在以下几点:

首先,教育机理的科学性。教育的存在是以人脑的发育为基础的,不同的大脑发育状态,接受信息的程度会不同,这就会影响到教育的实施效果。

其次,教育内容的科学性。信息的确定性,是建立在科学性的基础上的,就像伯乐相马一样,没有长期观察实践得来的科学依据,就无法得出准确的判断,也就谈不上信息的确定性,更无法保证教育的有效性。

再次,教育方法的科学性。随着各种科学的产生和发展,心理学、生理学、各种先进的教学仪器设备、实验方法、先进的教学方法,不断被运用到教学当中,教育方法也正在发生着巨大的变化。

最后,科学技术的发展,也为教育学研究提供了更多的科学方法和手段,为教育学的科学化提供了更多的可能。

小知识

查尔斯·罗伯特·达尔文(1809~1882),英国博物学家、教育家、进化论的奠基者、机能心理学的理论先驱。主要著作有《物种起源》《动物和植物在家养下的变异》《人类的由来和性选择》《人类和动物的表情》等。

蔡元培的五项教育宗旨，旨在建立教育学的理论体系

教育学的理论体系就是教育学的内容结构，这是一个不断发展演变的理论体系。为此，对这种理论体系的研究，也要有科学的态度，不能僵化地把教育学理论体系看成一成不变的绝对真理。

民国初年，京师大学堂改称北京大学，开始进行初步的民主教育改革。

到了1916年，学校发生了一些变化，学生数量达到了一千五百人。然而由于受旧传统的影响，加上受袁世凯搞帝制的风气左右，学校内的民主思想受到了压制，教育改革效果甚微。这时，蔡元培先生接过了北京大学校长的接力棒，就任新一届校长之职。当时北京大学已经先后换过五任校长，都没有改变学校的大局，因此不少朋友劝蔡元培："还是不要就任了，搞不好改革不成，反而影响了个人声誉。"

清光绪年间京师大学堂修业证书

蔡元培先生何尝不了解时局，但他想到民族的教育大计，不顾个人前途，毅然

一、人类成长离不开教育——教育与教育学

1921年9月，蔡元培率中国教育代表团出席太平洋各国教育会议时，与代表团成员合影

赴任，并且在孙中山等人支持下，对北大进行全面改革。他指出大学的性质在于研究学问，并提出了著名的五项教育宗旨，主张"军国民教育、实利主义教育、公民道德教育、世界观教育、美感教育"五育并重。

与此同时，蔡元培先生提倡学术自由，将学年制改为学分制，积极进行教学方法改进工作，主张学生自治。这些措施推广后，影响深远，为中华民族培养了一大批思想进步、才华出众的人才。

有一次，一位满怀理想的学生在多次碰壁后，深感失望，就给蔡元培先生写了封信，希望得到校长的指点。百忙之中，蔡元培先生不但给学生回了信，还约他在办公室见面交谈。学生很激动，早早地来到了蔡元培先生的办公室。他还没开口，蔡元培先生就微笑着招呼他："来来来，坐下，我泡杯茶给你。"说完，他起身冲茶，将茶水递给学生，并和蔼地说，"这是极品绿茶，从南京捎过来的，你也品尝品尝。"

学生受宠若惊，连忙捧住茶杯，低头喝了一口。杯子里只有几片茶叶，漂浮在水面上，可以说没有一点茶色，喝到嘴里，与白开水没有多大差别，基本没有什么茶味。学生不由得皱了皱眉头，他不知道校长葫芦里到底卖的是什么药。蔡元培先生好像没有注意到学生的神色变化，他东一句西一句地与学生闲聊，看起来已经忘记约见学生的目的了。

过了一段时间，这个学生趁着蔡元培先生停下话的空当，赶紧起身告辞。没想到蔡元培不放他走，而是别有用意地说："别着急啊！喝完茶再走。这可是一杯极品好茶，不喝浪费了。"

学生不好意思拒绝校长，出于礼貌，端起茶杯又喝了一口。这次他喝下去，只觉得一股清洌的茶香沁人心脾，回味无穷。学生奇怪极了，他急忙观看茶水，看到茶叶已经沉入杯底，杯子里的水碧绿清彻，像一块翡翠。真是太神奇了！这时他才注意到整个办公室里都飘着一股清新的香气。

学生不禁疑惑地看着蔡先生，后者正满脸期待地望着他，并问了一句："明白了吗？"

学生恍然大悟，惊喜地叫道："我知道了，先生是要告诉我，追求成功就要学习这杯绿茶。做事情不要只停留在表面,应该静下心来,踏踏实实,深入下去。"

蔡元培提出五项教育宗旨,目的是想建立一套完整的教育学理论体系。

任何一门学科发展到一定阶段之后,都会逐步建立自己的理论体系。教育学这门独立性很强的学科,自然也不例外。教育学家们经过长期不懈的努力,有系统地完善教育学知识体系,把人们对教育这一特殊对象的认识成果,有机地组织起来,进而确立了教育学知识体系在整个人类知识体系中的地位,这就是教育学理论体系的发生、发展过程。

教育学理论体系的建立,是教育学的自觉,是对自身发展的关注和关照,是教育学走向成熟的标志。当然,教育学理论体系的发展也并非一帆风顺。一方面是因为教育学家的教育学专著往往自成体系,缺乏全面性和系统性;另一方面,由于社会信息传递的局限性,在那些与教育学家个人关系不大的科学体系中,教育学并没有得到重视。17世纪捷克教育学家夸美纽斯的《大教学论》奠定了近代西方教育学理论的基础,后经过三百余年的不断演进和发展,教育学才逐渐建立并完善了自己的理论体系。现在人们已经开始逐渐淡化"体系意识",从"学科体系时代"走向"问题取向时代"。

教育学理论体系,是一个非常庞杂的知识体系,包括教育学原理、教学论、教育史、德育原理、教育社会学、教育经济学、教育心理学、教育管理学、教育统计学、比较教育学、教育技术学、军事教育学、学前教育学、普通教育学、高等教育学、成人教育学、职业技术教育学和特殊教育学等等,是涵盖教育诸多方面的理论体系。

小知识

伯特兰·亚瑟·威廉·罗素(1872~1970),20世纪最有影响力的哲学家、数学家和逻辑学家之一,同时也是著名的政治活动家,一生致力于哲学的大众化、普及化。

一、人类成长离不开教育——教育与教育学

老贝利教子教出教育活动的四要素

教育活动四要素,包括教育者、受教育者、教育方法和教育内容,无论缺少哪一个要素,都无法构成一个完整的教育活动。

1940年10月23日,贝利出身于巴西特雷斯科拉索内斯镇一个贫苦的家庭,他的父亲也是一名球员,但并未踢出名气。

有一天,贝利和朋友们在树荫下乘凉,朋友递给他一根香烟,那并不是市售的香烟,而是用干菜叶做原料手工卷成的,完全没有烟的味道。

贝利接过来,点着火,深深地吸了一口,但他并未吸进肺里。他抽着烟和朋友们天南海北地聊着。这时,贝利的父亲刚好路过,他向贝利和贝利的朋友招招手,一句话都没说就走过去了,好像有急事要做。

贝利看到父亲走了过去,将半截烟往地上一扔,脸色都吓白了:"天啊!真不知道我爸爸会怎么对待我?"

"怕什么,你爸爸没看到你抽烟。"一个同伴安慰道。另一个又说:"你爸爸要是看到了,早拧着你的耳朵回家了,你还会站在这里吗?"

贝利一听,觉得有理,便愉快地和朋友们告别了。他回到家后,父亲立刻把他叫过去。

"我看到你抽烟了。"父亲像往常和贝利聊天一样。

贝利低下头,不敢看父亲的脸色,心里忐忑不安。

"我有没有看错?"父亲继续问道。

"没有,爸爸。"

"你抽烟多久了?"

"从几天前开始的。"

"那味道好不好?你知道我没有抽过烟,所以不知道香烟的味道是什么样的。"

贝利只抽过用干菜叶子做成的香烟,没有抽过正式的香烟,但是他还是如实回答了:"我不知道,也许没味道。"

"喔,孩子,"贝利的父亲张开双臂,抱住贝利说,"孩子,你有踢球的天分,将来也许会成为顶级球员。如果你抽烟,会蹧蹋身体的,同时你也就无法踢球了。爸爸能做的只有这么多了,你自己决定吧!"

接着,父亲从口袋里掏出几张皱巴巴的钞票说:"如果你想抽烟,最好还是抽你

老贝利教子教出教育活动的四要素

自己的烟,老拿别人的烟抽,很丢人。"

贝利羞得无地自容,他似乎看到父亲为了养活一家人,毫无怨言清理便盆、打扫地板,高强度的劳动使父亲经常一瘸一拐地走向足球场,踢完球时他的膝盖总是肿得像足球那么大。

贝利的父亲一声不响地看着贝利,最后他说道:"好了,没事了,以后别再拿别人的烟抽。想抽烟找我,我给你钱。"

此后,贝利再也没有抽过一根烟。

老贝利教子的故事,蕴含了教育应该具有的四个基本要素。那么,传统教育活动四要素指的是什么呢?它包括教育者、受教育者、教育方法和教育内容。随着教育学的不断发展,现代教育学家把教育途径和教育环境纳入了教育必备的要素之中,统称为教育活动的六要素。

任何教育活动都是教育者在一定的教育环境下,采用一定的教育方法,通过一定的教育途径,把教育内容传递给受教育者的过程。教育者就是将人类已经固定下来的经验、知识信息,传递给受教育者的实施人。受教育者就是接纳前人总结出来的经验、知识信息的承受人,是接受教育的对象。教育方法就是教育者在对受教育者传递知识信息时,采用的手段、方式和方法。教育内容就是教育者传递给受教育者的知识信息的具体内容,这些内容都是固定化的信息和有价值的信息。

在教育活动的四要素中,教育者是教育活动的主导,受教育者是教育活动的主体。受教育者的主体地位,决定了教育者要采用什么样的教育方法,需要向受教育者传递哪些知识信息内容。为此,教育者要像老贝利教子那样,围绕着受教育者这个主体,根据受教育者的实际情况,选择教育方法和教育内容,因材施教,如此才能使受教育者得到的知识信息有价值,有利于受教育者的成长,完成一个教育者应该完成的任务。

小知识

曼海姆(1893～1947),德国社会学家、教育家,知识社会学的创始人和主要代表人物之一。他强调人的意识不可避免地依赖于人的社会地位,这是全部认识论包括现代认识论的基本要素。著有《意识形态与乌托邦》、《变革时代的人与社会》、《自由、权力与民主设计》、《时代诊断》、《知识社会学论集》、《社会学系统论》等。

一、人类成长离不开教育——教育与教育学

从不写论文而遭人嘲讽的教授提出了教育学的任务

教育学的任务有四个方面：一是研究形成教育活动的一系列基本概念；二是经由概念研究，揭示出教育的基本规律；三是从教育学的研究探索，阐明教育活动的各种问题；四是建立起科学完善的教育学理论体系，用来指导教育活动的发展。

根据欧洲大学的传统习惯，教授必须在一定时间内发表一定数量的论文。论文数量的多少和质量的优劣，往往是判定一位教授地位的标准。如果一位教授两年没有发表论文，那么同事们就会开始嘲笑他；如果三年没有发表论文，这位教授的个人声望将大大缩水，虽然不至于被开除，因为欧洲大学聘请教授为终身制，但是他也几乎没有立足之地了。

康德就任教授后，显然不买传统习惯的账，他竟然长达十一年没有发表一篇科研论文。这简直太另类了，康德因此成为人们眼中最平庸无能的教授，也成为德国教育界的头号笑柄。

尽管康德成为教育界公敌，但他受到了学生们的欢迎，他的讲课受人追捧，不少学生慕名前来成为他的弟子。有一次，康德的学生克芳斯参加柏林教授聚会，宣布说康德开始撰写一部伟大的著作。顿时，整个会场一片沸腾，平日正襟危坐的教授们哄笑着、调侃着，认为这是一个最好笑的笑话。

然而，就在嘲笑声中，康德开始了自己的创作，他打算写一本小册子，不料一动笔，几个月的时间他就完成了一本厚达八百五十六页的《纯粹理性批判》。这本书出版后，并没有获得时人的好评和喝彩，大家认为这本书太晦涩难懂了。有一位读者看了书后，写信给康德说："读你的这本大作，十根手指头都不够用。因为文章中的句子太长了，我用一根手指头按住一个逗号，可是十根手指头都用完了，结果一句话还没有读完！"确实，无

伊曼努尔·康德的墓志铭

人不在抱怨书中的长句子。

不管当时的人们如何看待康德和他的著作,我们都知道,这本晦涩难懂的《纯粹理性批判》后来在欧洲的哲学史上占有重要地位,叔本华说它是"欧洲有史以来写就的最重要的书"。

伟大的康德,遭到时人嘲讽的教授,就这样以一本著作奠定了自己在哲学史上的地位。不仅如此,身为教授的他,还十分重视教育学的发展,力图通过教育实现他的哲学思想,改造人类社会。他认为,教育学的任务包括多方面,技能、德行、体能等等,这些任务能够发展人的自然禀赋,让人自我完善。

教授不写论文,并不等于教授不明白教育学的任务。教育学研究的对象是教育现象和教育问题,教育学的任务自然围绕着这些研究对象展开。一般情况下,教育学的任务有四个方面,一是研究形成教育活动的一系列基本概念;二是经由概念研究,揭示出教育的基本规律;三是从教育学的研究探索,阐明教育活动的各种问题;四是建立起科学完善的教育学理论体系,用来指导教育活动的发展。

概念是构成任何一门学科知识的基本元素,教育学概念也不例外:从纷纭复杂的教育现象和教育事实中,提炼加工出教育活动中本质的规律性,进而形成教育学的基本概念,为解决各种教育问题提供概念基础。

教育规律是教育活动内在的本质和必然的联系。教育学透过研究教育活动和教育成果,揭示出教育存在的客观规律。较好地认识教育科学的发展的内在规律,为教育活动按规律顺利发展打下良好的理论基础。

教育问题是教育学研究的核心,一切教育学研究都是围绕教育问题展开的。探索和发现教育问题、分析和解释教育问题、提出解决教育问题的方法和答案,是教育学阐明各种教育问题的关键,为教育的发展,不断提供科学的方法论基础。

不断总结、归纳教育学发展的成果,建构科学完善的教育学理论体系,使教育学科学化、理论化,为教育活动的开展,提供充足的理论依据,进而实现用教育理论指导教育实践的目的,更好地促进教育活动的不断深入和发展,实现教育育人的功能最大化。

小知识

孟德斯鸠(1689~1755),法国伟大的启蒙思想家、教育家、法学家。他在洛克分权思想的基础上明确提出了"三权分立"学说,著有《论法的精神》、《罗马盛衰原因论》等。

致力于民族独立的夸美纽斯论述教育的目的和作用

教育是人类的一种社会活动和社会现象,是传递人类累积的生产经验和社会生活经验的必要方法,也是一个人生存和成长的必要条件之一。

1592年,捷克诞生了一位人类教育史上里程碑式的人物,他就是约翰·阿摩司·夸美纽斯。夸美纽斯出身于一个磨坊主家庭,年少时父母双亡,从此寄住在亲戚家里,直到二十一岁时进入德国海德堡大学读书。

当时,捷克有一个著名的组织名叫"兄弟会",致力于民族独立运动。夸美纽斯的父亲是"兄弟会"的会员,有一定地位。夸美纽斯虽然自幼失去双亲,但他深受父亲的影响。后来,夸美纽斯被选为"兄弟会"牧师,并担任"兄弟会"学校的校长。

这时,著名的"三十年战争"爆发了,战争首先在捷克打响。1620年11月8日,由蒂利统帅两万八千人天主教军队,攻占布拉格附近的白山。这支军队是德意志帝国最强大的军队,训练有素,装备精良。捷克和部分盟国组成的新教军虽然有两万两千人,但缺乏训练,纪律松散,无法抵挡德军进攻,结果不到两小时,就溃败而逃。捷克国王腓特烈只知道寻欢作乐,此时他正准备举办一个丰盛宴会,听说自己的部队打败了,天主教军已经兵临城下,吓得扔掉王冠,带着老婆、孩子还有亲信们,仓惶出逃,到荷兰避难。

国王和军队虽然没有了,但勇敢的捷克人不愿做亡国奴,他们组织起来反抗压迫,结果遭到了血腥的镇压。"兄弟会"是民族独立运动的主力军,其成员成为天主教军迫害的主要对象。夸美纽斯为了与敌军作战,带领"兄弟会"会员出没深山密林中,坚持抗争。

长期以来,夸美纽斯一直热衷于教育事业。在战争爆发之前,他专心研究教学改革问题,编写了教学法指南书《简易语法规律》,还写有许多关于教育的手稿。后受战争所迫,夸美纽斯开始了颠沛流离的生活,这些珍贵的藏书和手稿也就流失了。不久,瘟疫流行,夸美纽斯的妻儿病逝,许多"兄弟会"成员一个个牺牲,在这种境况下,夸美纽斯只好迁居波兰。从此,这位致力于民族独立运动的教育家再也没有回到祖国。他在异国他乡继续自己的教育事业,提出了普及教育、建立全国统一的学校教育制度等重要的改革措施,并撰写了《母育学校》、《泛智学校》、《语言与科

致力于民族独立的夸美纽斯论述教育的目的和作用

学入门》等教育学著作,成为近代资产阶级教育理论的奠基者之一。

正如夸美纽斯指出的那样:"只有受过恰当教育之后,人才能成为一个人。"他明白无误地告诉了我们教育的目的和作用。一般情况下,凡是能够增进人的知识和技能,能够影响思想意识的各种活动,能够提高人的身体素质,能够增强人的体质的活动,都被称为教育活动。这是教育的广义定义,而教育学所指的教育,大多是指狭义的学校教育。

那么,学校教育的目的和作用是什么呢?学校教育是根据社会发展对人类的整体要求,教育者遵循受教育者的身心发展规律,有目的、有计划、有组织地引导受教育者获得相关的经验知识信息,获得相关的生存技能,养成一定的思维习惯,成为社会所需要的人的一种活动。

"威斯特伐利亚和约(the Peace Treaty of Westphalia)"是象征"三十年战争"结束而签订的一系列和约,签约双方分别是西班牙王国、神圣罗马帝国、奥地利的哈布斯堡王室和法兰西的波旁王朝、瑞典王国以及神圣罗马帝国内的勃兰登堡、萨克森、巴伐利亚等诸侯邦国。而在1648年10月24日签订的《西荷和约》,正式确认了威斯特伐利亚这一系列和约,并象征三十年战争结束

简而言之,学校教育的目的,就是在于发展学生的认知结构,其作用就是培养学生的创造力和批判力,促进其想象力和洞察力的发展,是对人的各种生命力的全面激发,进而满足人类社会发展对人的要求。

对个人的成长来说,教育虽然不是万能的,但离开了教育,人就会坠入愚昧的深渊,无法适应社会日新月异的发展,得不到生存技能,会失去解决各种生存发展问题的能力,最终被社会所淘汰。

一、人类成长离不开教育——教育与教育学

勤奋的家庭老师赫尔巴特提出普通教育学

普通教育学是有关教育一般问题的基础知识体系,主要探讨解决教育的实质、教育的功能、教育的发展历史、教育的目的、教育的基本规律这些教育的基础性问题,以及教师与学生,教学、课程、班级管理、教学制度、结果评价等教育技术性问题。

幸福和不幸总是结伴而至,这句话用在约翰·赫尔巴特身上,也许再恰当不过了。他出身于一个律师家庭,父亲后来升任枢密院顾问官,地位显赫。母亲是一位美丽聪慧的女子,具有很深的文学修养。作为父母的独子,赫尔巴特从小受到了无微不至的关爱和良好的教育。然而有一天不幸突然降临,小赫尔巴特玩耍时,不小心掉进了沸水桶里,被烫成重伤,从此他的身体一直很羸弱。

母亲非常疼爱赫尔巴特,为了让儿子接受良好教育,她每天陪伴着他,督促他读书。赫尔巴特上课时,母亲也会在他身边,还与他一起研究希腊文。

赫尔巴特从小就表现出了学习天赋,他多才多艺,不但在数学、语文和哲学方面表现突出,还是一位天才音乐家。他的思想成熟很早,十二岁时就开始研究形而上学,十六岁时研究康德的思想,十九岁时撰文批评当时著名的哲学家费希特,认为后者提倡的"自创自己世界"的观念是错误的,并指出学生本身不能去创造自己的世界,需要依赖教师的教导和外在环境的影响,才能形成自己的世界观。这种见解无疑是深邃的,也是超前的。

这时,赫尔巴特的父亲送他去耶拿学习法律,但他不感兴趣。所幸的是,在这所大学里,有许多著名哲学家和文学家,赫尔巴特真正踏上了从事教育和研究哲学的道路。

二十一岁时,年轻有为的赫尔巴特在母亲介绍下,来到瑞士因特拉肯州长家里做家庭教师。州长有三个儿子,非常调皮可爱。赫尔巴特工作极其认真投入,丝毫都不马虎,每个月写一份关于教学方法和成就的报告,交给学生的家长。州长十分认可这位勤奋的家庭教师,让他做了儿子们三年的老师。这段宝贵的教学经验,深深地影响了赫尔巴特的教学理论。

德国教育家赫尔巴特因为著有《普通教育学》,被认为是建立教育学这门学科的鼻祖。普通教育学是教育学的基础性学科之一,是有关教育一般问题的基础知识体系,是教育学的入门知识。其目的是帮助教育工作者养成基本的教育概念、掌握教育技能和培养一定的教育管理和研究能力，推动整体教育的水平的提高。

普通教育学的基本研究方法，包括历史研究法、调查研究法、比较研究法、理论研究法、实验研究法和文献研究法。这些研究法都是经过长期的教育学实践总结出的基本研究法，比较完善和成熟，对教育学的研究和发展，起到了很大的促进作用。

历史研究法侧重于对教育历史过程中产生的各种史料进行分析整理，进而研究教育学产生和发展的内在规律，揭示教育理论和教育实践之间存在的历史演变关系，总结教育学发展中存在的经验和教训，预测教育发展的未来。比较研究法是对每种教育现象在不同的历史时期、不同的教育地点和不同的教育环境下，所表现出来的不同情况，进行比较分析研究，用以揭示教育的普遍规律和不同的表现形式，经由现象比对，认识其本质。调查研究法，是在教育理论的指导下，透过调查研究，对教育现状做出科学准确的分析判断，有助于发现教育发展过程中存在的各种问题。其他三种研究方法，都是教育学研究中经常采用的常规方法，在此不一一赘述。

柯雷吉欧的名画《爱之教育》，所描绘的是希腊神话中的赫耳墨斯（罗马名为墨丘利）和维纳斯共同教授小丘比特学习拼读，并向他讲解什么是爱

小知识

肯尼思·班克罗夫特·克拉克（1914~2005），美国教育心理学家、社会学家，致力于研究种族隔离问题。他是第一个获得终生教授职位的黑人，也是第一个获得心理学博士学位的非裔美国人。著有《黑贫区》。

一、人类成长离不开教育——教育与教育学

艾宾浩斯的记忆曲线提醒人们注意教育心理学

教育心理学就是研究学校情境中，受教育者和教育者，学与教的基本心理规律的科学。具体地说，就是研究教育和教学过程中，教育者和受教育者心理活动现象，以及这种现象产生和变化的规律的心理学分支。

有一位叫娜佳·玛赫娃的学生，是斯克州斯维尔德洛夫村的小女孩。这位小女孩非常讨厌地理课，觉得学习地理是一项苦差事。后来，她发现一个简单有效的方法，她每天都把自己假设为老师，精心准备教学笔记，还写下各位学生的名字。然后，她就进行"老师提问学生"的游戏，自己回答自己的每一个问题，并打分数。这样持续了一段时间后，她惊喜地发现，每天从学校回到家里，自己会主动去做功课、去学地理。为什么出现了这样的转变呢？因为她认为自己是老师，不是学生，这样就有了兴趣，有了积极性。为了强化这种兴趣，她准备坚持做一年的教学笔记。

这个小女孩的做法，充分体现出艾宾浩斯记忆法对学习的有效性。学生当然希望提高记忆效率，收到事半功倍的记忆效果，可是如何做到这一点呢？

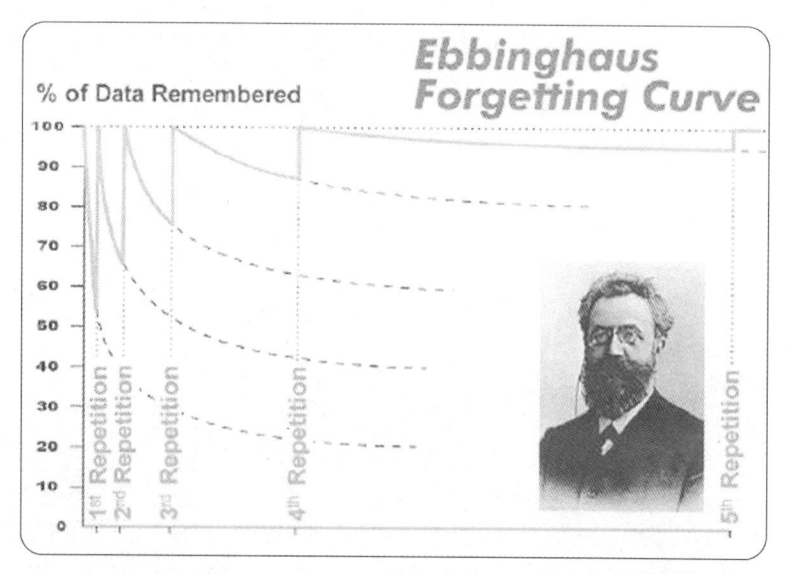

艾宾浩斯遗忘曲线图

艾宾浩斯的记忆曲线提醒人们注意教育心理学

1885年,柏林大学的教师赫尔曼·艾宾浩斯根据多年研究成果,出版了《论记忆》一书,是实验心理学上最为卓越的成果之一。在这本书中,艾宾浩斯经过严格的系统的测量来研究记忆。由于当时他没有职位,没有专门的研究室,因此他用自己做实验,花了五年时间独自完成了一系列研究,进而开创了全新的研究领域。艾宾浩斯在书中报告了自己的研究成果,并描绘出一条曲线,这就是著名的艾宾浩斯遗忘曲线。

根据艾宾浩斯的研究成果,我们发现复习是巩固所学知识的关键,要想知道记忆效果如何,必须经常进行自我测验。

艾宾浩斯发现的记忆曲线,属于教育心理学的范畴。教育心理学是心理学的一个分支,是介于教育学和心理学之间的交叉学科。

教育心理学的研究对象包括以下方面:

一、以教育学理论体系为依据,研究培养一个全面发展的人,所应该采用的教育方法,即因材施教问题。

二、研究人的心理结构,根据教育活动中心理活动的规律,探讨学校教育、家庭教育、社会教育等教育过程中的心理现象。

三、应用心理学的理论知识于教育工作当中,探讨加速人才培养的途径和办法。

四、研究学校教育中,学生课堂学习的性质、条件、效果及其评价,尤其是应该研究学生学习知识、接受知识的心理学发生原理。

五、重点研究教育和教学影响下,教育者和受教育者出现的各种心理现象及其发展的规律。

六、学生与教师、学生与学生之间互相影响的心理因素,及其对教与学产生的影响等。

教育心理学的研究任务有两个:一是揭示教育体系中学生学习的性质、特点及其类型,以及学习的过程和条件;二是如何运用学生学习的规律,去设计教育、优化教育体系,提高教育效率。同时,教育心理学的侧重点有三个,即教师的特征、学生的特点和教学的方法。

小知识

荣格(1875~1961),瑞士心理学家和精神分析医师,分析心理学的创立者。他的分析心理学,因集体潜意识和心理类型的理论而声名远扬。

一、人类成长离不开教育——教育与教育学

令人刮目相看的吕蒙
读书读出教育社会学意义

教育社会学,就是研究教育的社会属性及其性质、教育的社会功能及其效果、教育的制度建设和教育的组织形式,以及教育发展规律的一门学科。

吕蒙是三国时期的东吴大将,他少年从军,英勇善战。由于常年征战,吕蒙没有读过书,如今做了大将,依然大字不识几个。东吴国主孙权了解他的情况,就开导说:"如今你身居要职,掌握国家大事,应该多读书,多进步才对啊!"

吕蒙听了,推托说:"军务繁忙,哪有时间读书啊!"

孙权耐心地说:"我并非要你去研究经文做博士,我只是说你多浏览些书籍,可以了解古代历史,增长见识。你说事务繁多,难道比我的事务还多吗?我少年时就读了儒家的各种经典,做了国主后,又仔细研究《史记》、《汉书》,以及很多兵法,觉得这些书籍对自己用处很大。像你这样的将才,天资聪慧,如果多读书,一定会获益匪浅。依我看,你应该先从兵书《孙子兵法》、《六韬》读起,然后再读历史书籍。东汉光武帝起兵推翻王莽时,军旅之间,手不释卷。曹操现在也说老而好学,你为什么不能勉励自己呢?"

《关羽擒将图》

这番语重心长的开导,打动了吕蒙,从此他勤奋苦读。

不久,鲁肃接任东吴大都督的职位,上任途中路过吕蒙驻地。吕蒙听说后,急忙设宴款待鲁肃。席间,鲁肃还以老眼光看人,认为吕蒙有勇无谋。可是等到两人推杯换盏纵论天下事时,吕蒙说了很多有见识的看法,令鲁肃大为惊讶,感叹说:"我一直以为你只是武略超群,却不知你学识也如此出众,并非人们所说的吴下阿蒙。"

吕蒙笑了,然后认真地说:"士别三日当刮目相看。都督现在赴任做统帅,在下认为你的才识不如周公谨,要想与霸占荆州的关羽处理好关系,确实很难。我看关羽虽然年纪大了,可是听说他好学不倦,喜欢读《左传》,而且性情耿直,颇为自负。所以你上任后,一定要想好计策对付他。"

说完,他为鲁肃策划了三个方案。鲁肃接受了吕蒙的建议,高兴地拜别而去。

吕蒙读书是为了适应社会发展的需求,这也间接说明了教育社会学的重要作用和意义。

教育社会学的研究范围主要包括以下几个方面:

一、社会结构与教育的关系问题,特别是教育与政治、经济和文化的关系,社会经济、政治制度与教育的交互影响,教育如何促进社会变化等问题。同时,社会结构对受教育者的人格发展、学习成果、思想意识,也会产生重要的影响。而社会政治结构,也与教育有着非常密切的关系,政治制度往往决定教育思想、教育制度和教育实践。

二、人的社会化过程与教育的关系问题。人的社会化过程,是指儿童经过接受教育,逐步学会所生活的社会行为规范的过程,家庭、社会、学校等集体的教育功能与人的社会化过程的关系。这三者是个人社会化的基本催化单位,三者既互相影响,又交互作用,共同促进人的社会化进程。

三、教育与社会变迁的关系。教育不仅是社会变迁的动因,也是社会变迁的反映和结果,会随着社会的变迁而发生一定的变化。同时,教育又是改善经济结构,进而促使社会变动的潜在条件。

教育社会学的研究范围,也包括学校的社会性解构,学校与社会、学校与政府、学校与学校关系,教师的社会角色定位,教师的职业特点,教师的社会地位,教师的组织管理、从教资格,以及教师职业发展的不同阶段要求等问题。

小知识

约翰·阿摩司·夸美纽斯(1592~1670),17世纪捷克教育家,是人类教育史上里程碑式的人物,曾担任捷克"兄弟会"牧师及"兄弟会"学校校长。他所著的《大教学论》是西方教育史上第一部体系完整的教育学著作,《母育学校》则是历史上第一本学前教育学专著。

一、人类成长离不开教育——教育与教育学

以貌取人孔夫子，
验证教育学的历史发展

　　教育学最初是从哲学中分化出来的一门学科。随着社会的发展和文化的进步，教育学本身也在教育活动中发生了一系列的分化，出现了许多分支学科，包括学前教育学、普通教育学、高等教育学等，同时还出现了与其他学科结合产生的交叉学科。

　　孔子是中国最伟大的教育家，设杏坛育弟子，从学者三千多人，其中七十二人才学突出，成为著名的贤人。孔子的教育思想彪炳古今，是人类的宝贵财富。他提出的"举一反三"、"因材施教"，到如今依然是重要的教育理论方法之一。

　　然而，孔子这样贤能智慧的人，在教学过程中也犯过错误。一次，有一位叫宰我的学生前来拜师学习，宰我一表人才，聪明伶俐，能说会道。孔子一开始非常喜欢他，觉得这位学生无论哪个方面都很优秀。可是过了一段时间，孔子的看法变了。一天，宰我对孔子提出了自己的看法，他说："父母去世了，一定要守孝三年，这三年的时间是不是太长了？三年不学习，学过的知识会忘记；三年不耕种，土地会荒芜。"

　　孔子听了这话，当即生气地说："你真是太不孝了！一个人三岁后才能离开父母的怀抱，难道父母离世了，守孝三年还算长吗？"孔子认为宰我品格恶劣，不能理解"仁孝"的深意，从此，对他十分冷淡。

　　孔子还有个学生，名叫澹台灭明，此人相貌丑陋，举止不雅，所以孔子非常讨厌他，而且认为他的品德一定很差。有一次，澹台灭明去南方讲学，没想到当地人对他的评价极高，把他视为圣人一般看待。孔子听说后，非常感慨地说："我凭说话判断人，结果错误地认识了宰我；我以相貌取人，又错误地对待了澹台灭明。"

　　孔子是大教育家，他虽然没有提出教育学概念，但他的教育成就说明了我国教育学发展历史的悠久。教育学概念，起源于希腊语的"教仆"一词，19世纪，英语国家的人们，开始普遍使用"教育学"这一专用语词。

　　独立形态的教育学产生，应该从1623年英国著名哲学家培根所著的《论科学的价值和发展》一文算起。在这篇文章中，培根首次把教育学作为一门独立的科学提出来，并将教育学理解为指导阅读的科学与其他学科并列。培根的这一观点，为建立独立形态的教育学,作出了巨大的贡献。而教育学成为独立学科的开端,则应该归功于夸美纽斯 1632 年发表的《大教育论》,这是教育史上第一本教育学论著,开了教育学的先河。

孔子周游列国,游说诸侯王

1806 年,德国赫尔巴特的《普通教育学》出版,这是一本被公认的现代教育论著,不仅详细论述了科学教育的独特性,还非常明确地提出了心理学和哲学是教育学的学科基础。他在伦理学的基础上,提出了教育目的论;在心理学的基础上,建立了教育方法论,创建了比较完整的课程体系,提出了比较完整的教育学理论体系。为此,赫尔巴特被公认为"现代教育之父"和"科学教育学的奠基者"。

小知识

孔子(前 551～前 479),名丘,字仲尼,春秋时期鲁国人。他是中国古代伟大的思想家和教育家,儒家学派的创始人,也是世界上最著名的文化名人之一。他编撰了我国第一部编年体史书《春秋》,其言行思想主要载于语录体散文集《论语》及《史记·孔子世家》中。

一、人类成长离不开教育——教育与教育学

鹦鹉唱歌缺乏实验教育学精神

实验教育学是从实验心理学的角度，以教育实验为出发点，采用心理学实验的方法来研究分析与教育相关问题的分支学科。

在一片小树林里，住着画眉鸟、鹦鹉、乌鸦三位好朋友。它们每天快乐地觅食、玩耍，日子过得倒也自由自在。有一天，它们在树林边游戏，忽然听到一阵优美的歌声，歌声太好听了，仿佛天籁之音，把它们都迷住了。三位朋友不约而同地循着声音飞去，原来是一只漂亮的黄莺正在歌唱。

画眉鸟、鹦鹉和乌鸦听黄莺唱完歌，激动地上前说："您的歌声太动听了，请收我们做徒弟，教我们唱歌吧！"

黄莺想了想，答应了它们的请求，并且认真地教它们。可是画眉鸟、鹦鹉和乌鸦的音乐天赋实在太差了，学了几天依然唱得很难听。这天，师徒几个又在练习唱歌，难听的歌声吸引了附近的许多鸟儿，它们飞过来看热闹，有的还叽叽喳喳叫着取笑它们。

遭到嘲笑当然很难为情，画眉、鹦鹉和乌鸦低垂着脑袋，不肯开口练习了。黄莺见到这种情况，就鼓励自己的学生们："不要怕羞，抬起头来大胆地唱。只要唱得多了，掌握了唱歌的技法，声音自然会好听。"

画眉和鹦鹉接受了老师的鼓励，又投入到练习之中。只有乌鸦害怕出洋相，躲到一旁紧闭嘴巴，再也不肯开口继续唱歌了。

过了不久，画眉和鹦鹉学会了唱歌，动听的歌声传遍了树林内外，好多鸟儿都赶来祝贺它们。而乌鸦除了"哇哇哇"地叫，什么都不会。

将实验教育思想称为"实验教育学"，是1901年，德国教育家梅伊曼首先提出的。接着，德国教育家拉伊出版的《实验教育学》一书，系统阐释了实验教育学的相关思想和理论，实验教育学正式出现。

实验教育学，有两个方面的特点：

第一，研究教育问题时引进自然科学的实验方法，强调简化研究对象，将受检验的方式、因素、条件等，与其他无关的因素彻底隔离开来，借助科学实验的各种仪器、特殊的实验设备，以某些人为的特定方法，来观察实验对象在教育过程中发展、变化情况，以及所表现出来的特点。

第二，善于运用比较法，着重强调分组比较，以统计学的方法，定量地检验试验结果的准确性和可靠性,以便发现教育变量之间的因果对应关系。依据这些关系,揭示出教育的原理,确立科学合理的教育原则。

实验教育学的研究方法、研究结果,以及实验的连带状况,都有严格准确的规定,使得这种研究,不管在世界上任何地方,都能够加以控制,并得以扩充和增强。以便于在不同的文明、不同的民族里,确保教育学得到不断的发展。

在实验教育学的大力推动下,科学的实验方法被广泛引入教育研究领域,逐渐克服了传统教育理论研究中,思辨加例证的研究模式所固有的缺陷。形成了注重定量、追求原因的教育实验的新的基本形式,使教育实验从最初的教改实验性质的尝试性活动,转变为在科学的形式下,具有严格的操作规范和操作程序的教育学研究的一种基本方法。

小知识

爱尔维修(1715～1771),法国启蒙思想家、哲学家、教育家,"教育万能论"的倡导者。他所讲的教育是"一切生活条件的总和",即自然环境和社会环境的总和。主要的教育著作有《论精神》、《论人的理智能力和教育》等。

"公共教育之父"贺拉斯·曼强调公立教育

公立教育，就是由国家政府创办教育，由政府财政拨款兴办学校，以公立学校为主，民众普遍具有享受免费基础教育的机会，体现了教育面前人人平等的思想原则。

谈到教育问题，有一个人自然而然会被提及，他就是贺拉斯·曼，伟大的"公共教育之父"，美国杰出的教育家。

贺拉斯·曼曾经说过这样一句话："开一所学校就等于关一所监牢。"这成为公共教育的至理名言。这位伟大的教育家出身于一个贫苦的农民家庭，在读大学之前只上过小学。那是一所非常简陋的小学，只有一间教室，而且破旧不堪。上课时间并不固定，每年大约只有十周课。至于老师，贺拉斯·曼曾经这样说："他们都是很好的人，但有些是很差的教师。"

贺拉斯·曼不满足于学校传授的知识，他经常到小镇的图书馆看书，在这里他读了大量书籍，学到了足够多的知识，所以才有机会考入布朗大学，成为小镇上少有的大学生。

通过大学教育，贺拉斯·曼得以进入政界，成为参议员。在自己的职位上，他下决心做的第一件事，就是建立一所"公立学校"，让所有的孩子都上学。当时美国社会剧烈变迁，城市发展迅速，犯罪率上升，贫富差距日益加剧。基于此，美国总统托马斯·杰斐逊认为：一个共和政体如果想持久存在，只有加强公民教育，提高文化修养和共同理想。倘若人民没有知识，共和政府体制迟早会垮台，就像疯人院一样混乱不堪。贺拉斯·曼正是接受了这样的思想，认为公立学校是优秀文明、民主参与和社会福利的中心。

然而，并非所有人都了解建立"公立学校"的意义。相反，在当时建立"公共学校"是相当激进的做法，会受到传统观念和守旧思想的挑战。果然，贺拉斯·曼的言行和做法遭到不少人强烈反对，某些私立学校的校长抨击他的全民教育思想，教师们否认取消体罚的主张，各种宗教派别也联合起来，谴责他将宗教教义排斥于课堂之外的做法。

在压力和打击下，贺拉斯·曼没有退缩，反而更加坚定了自己的选择。由于教育委员会没有权力强制采取什么措施，贺拉斯·曼只好单枪匹马战斗，以劝导、疏通的方式，费尽口舌地唤起人们对公共教育的重视。除了口头宣传，他还利用手中的笔,年复一年地在教育报告上撰写文章,说明自由社会需要什么样的教育,教育对于消除贫穷和犯罪的意义。他写道,学校教育是"使人平等的了不起的工具"。

在贺拉斯·曼的努力下,马萨诸塞州第一所公立小学成立了。后来多所学校相继办起来,公立中学也出现了。在贺拉斯·曼任内,该州共成立五十多所公立中学。为了加强教师队伍建设,他还主张创建了该州第一所师范学校,广泛吸收女性学生,作为教师储备人才。

为了公立学校不辞劳苦,辛勤奋斗,贺拉斯·曼到底做到了什么程度?他曾经在一份报告中谈到此事说:"自从我于1837年6月接受秘书长一职,至1848年5月提出辞呈,我为此事业每天所做的工作平均不少于十五小时;在这一时期自始至终没有休息过一天,日复一日,没有抽出一个晚上去拜访朋友。"

如今,公立学校成为美国生活的一大特色,贺拉斯·曼的功绩被人们广为传诵。千万人透过公立教育得到晋升的机会,美国也成为世界上最伟大的国家之一。

贺拉斯·曼认为,教育不仅属于精神和道德领域的事业,而且要比黄金更能创造财富。他主张国民教育必须是普及全社会、惠及全民众,免费的和世俗的。他大力推动教育改革,以适应美国社会发展的需要,创立组建了州教育委员会和教育厅。他亲自出任教育厅长,四处筹措教育经费,广泛开设公共学校,增加一般民众受教育的机会,不仅为美国,而且也为世界教育带来了革命性的变化。

公立学校的兴起,大大增加了民众受教育的几率,提高了适龄儿童的入学率,推动了师范教育的发展,使教育真正进入了平民化时代,进而推动了社会政治、经济等各方面的发展。

如今,很多国家都实行免费基础教育,让所有的民众都享有同等的免费受教育机会。这些国家的基础教育资源一般都掌握在政府手中,教育经费由政府财政统一支付,使整个国家的教育资源分配更加合理均衡,大大地推进了教育的均衡发展和全面提高。

公立教育是与私立教育相对应的教育思想,目前许多国家都是以公立教育为主,私立教育进行补充的公私互补教育格局。

小知识

贺拉斯·曼(1796~1859),美国教育家。他奠定了美国近代公共教育的基础,所创办、编辑的《公共学校杂志》先后共发行10期,并把瑞士教育家裴斯泰洛齐的教学法介绍到美国。

一、人类成长离不开教育——教育与教育学

求缺不求全,陈嘉庚致力于私立教育

私立教育就是由私人或私立机构投资兴办的教育机构,以私立学校为主,是整个社会教育不可或缺的重要组成部分。

陈嘉庚,南洋著名爱国华侨企业家,一生生活简朴,致力于教育投资。据统计,陈嘉庚一生在教育事业上投资达一亿美元以上。早在光绪二十年(1894),他就捐献两千银元,在家乡创办惕斋学塾,此后陆续办起了师范、中学、水产、航海、商业等学校。

1921年,陈嘉庚创办厦门大学,学科分为文、理、法、商、教育,设置了五院十七系,这是由华侨创办的唯一一所大学,也是当时全国唯一一所独资创办的大学。陈嘉庚一人独立支撑了十六年,之后世界经济不景气,华侨企业遭受严重打击,但陈嘉庚态度仍很坚定:"宁可变卖大厦,也要支持厦大。"他把自己的三栋大厦变卖了,作为维持厦大的经费。

清朝私塾

陈嘉庚不遗余力,倾资兴学,虽然企业亏损,但他依旧多方筹措校费,艰苦支撑。在他的倡导下,许多华侨纷纷捐资兴学,影响极其深远。

陈嘉庚说:"民智不开,民心不齐,启迪民智,有助于革命,有助于救国,其理甚明。教育是千秋万代的事业,是提高国民文化水平的根本措施,不管什么时候都需要。"

陈嘉庚一生将兴办教育事业作为头等大事，不论多么艰难，他都会尽力完成。然而对待家事，陈嘉庚却坚持"求缺不求全"，在面临校舍和住宅都被日本飞机炸毁的情况下，他坚持先修校舍，并说："若先建住宅，难免违背先忧后乐之训尔！"他逝世后，尚留有存款三百余万元，按照他的遗嘱，一分钱都没留给子孙后代。

古代的私塾，是典型的私立教育的代表。在现代教育中，私立学校教育是整个社会教育不可或缺的重要组成部分，是对公立教育的必要补充，特别是多元化社会，私立教育为社会、家长、学生，提供了一项变通的、灵活的教育方式，满足了教育多元化发展的需求，提高了现代教育的效率。

在一些发达国家，很多私立学校往往会成为教学质量高和具有教育革新精神的典范。就像"求缺不求全"的陈嘉庚那样，更注重特色办学和质量办学，以此提高私立学校的竞争力。可以说私立教育的存在，为整个社会的教育事业，带来了活力和竞争力。

私立学校与公立学校不同，它有调动和使用各种教育资源的主动权，多数具有自我管理的权力：可以自筹资金，办学经费来自于私人或机构；可以自定义课程，根据自己的办学思路和办学特色选择课程；可以自选学生，实行收费教育；可以自选师资，选择能够满足自己学校培养方向的教师和员工。

总之，私立教育有很强的机动性和灵活性，更能满足社会多方面的教育需求。

陈嘉庚视察厦门大学时与学校负责人合影

小知识

皮埃尔·德·顾拜旦(1863～1937)，法国著名教育家和历史学家，国际体育活动家，现代奥林匹克运动的发起人。他曾任国际奥林匹克委员会主席，并设计了奥运会徽章、奥运会会旗。由于他对奥林匹克不朽的功绩，被誉为"奥林匹克之父"。

一、人类成长离不开教育——教育与教育学

高价的石头解读杜威提出的教育本质

美国教育家杜威认为,教育的本质就是从儿童的天性出发,促进儿童个性的发展,满足儿童快乐成长的需求。

孤儿院有一个叫约翰的孤儿,他常常悲观地问院长:"像我这样没人要的孩子,活着究竟是为了什么?"

院长总是对约翰展示他独特的微笑,对于他的问题却不做任何回答。

一天,院长交给约翰一块石头,说:"孩子,你拿着这块石头去市集上卖。记住,不是真卖,无论别人出多少钱,都不能卖!"

第二天,约翰拿着石头来到市集上,找了个角落蹲了下来。不久,他意外地发现有不少人对他的石头感兴趣,而且出价越来越高。最后,约翰拒绝了他们的购买,回来高兴地向院长报告。

院长笑了笑,说:"明天,你拿着它,去黄金市场上卖。"

就这样,约翰又拿着石头来到黄金市场上,很多人都看中了这块石头,出的价格比昨天高十倍。但是,约翰依旧拒绝了他们的购买。

后来,院长又叫约翰到宝石市场去卖,结果,因为他怎么都不卖,手中的石头被人宣扬成"稀世珍宝"。

约翰兴冲冲地捧着石头回到孤儿院,把一切都告诉了院长,并提出自己的疑问:"为什么会这样?"

这次,院长没有笑,他严肃地对约翰说:"人生,就像这块石头一样,自身的价值取决于周围的环境。这块不起眼的石头,因为你的珍惜,提升了它的价值。同样,如果自己看重自己,生命就会有意义。"

美国教育家杜威是传统教育的改造者,现代教育的拓荒人。他指出,教育就是儿童的"生活"、"生长"以及"经验改造"。为此,他提出以儿童为中心展开教育的儿童中心论。在他看来,教育的最好和最终目的就是道德,道德是推动社会前进的主要力量。而教育的首要任务就是在各种校园社会活动中,培养儿童的道德品格。

他认为,在传统的教育里,学校的重心在儿童之外,教科书成了学问和智能的代表,教师成了传授知识技能和实施行为准则的代言人,把成人的标准、教材和方

40

法强加给正在成长、逐渐趋于成熟的儿童身上。这种教育是强制性的,不利于儿童的健康成长。因此,教育重心必须转移,要以儿童为中心,教育的一切措施都要围绕儿童的成长来转动,围绕儿童来组织。教师、教材的注意力应该转移到儿童的身上,开展以儿童为中心的新教育,这就是教育的本质。

小知识

约翰·亨里希·裴斯泰洛齐(1746~1827),瑞士教育家和教育改革家。他透过实物教学法的实验,第一次把教育建立在心理学的基础上,提出"教育心理学化"这一伟大理论,使教育与心理学紧密地结合在一起,对后世的教育和教学产生了深远的影响。著作有《林哈德与葛笃德》、《葛笃德如何教育她的子女》等。

二、教育离不开教学

——学以致用，教书育人

二、教育离不开教学——学以致用，教书育人

借一分还十分告诉我们教学的实质是什么

教学是学校实现教育目的、完成教育任务的主要途径，是学校教育中一种基本的经验传授方式。通常表现为教师传授知识和技能，学生以此为基础，形成教师和学生、教与学相互联系、相互作用的一种互动关系。

有个男孩在一次考试中语文得了五十九分，他非常苦恼，担心父母知道成绩不及格后，自己免不了要受皮肉之苦。于是，他恳求老师："求求您，给我的语文再加一分吧！"

老师听后，语重心长地说："语文不可以加分，但是，我可以把五十九分改成六十分。不过我有一个要求，这一分我不能白借给你，借一还十，下一次考试，我要扣掉你十分，怎么样？"

男孩听了，毫不犹豫地说："我借！"

结果下次考试，男孩的语文考了九十五分，扣掉他还给老师的"利息"，净剩八十五分。

这位老师真切地爱护学生，他不想让学生挨打，加上对学生充分的信任，于是灵机一动，借用这个契机来激励学生，从侧面对学生进行鼓励和帮助。最后，那位借分的男孩由于得到了老师的帮助和关爱，努力学习，从不及格到成绩优秀，实现了对老师的许诺。

一般来说，老师对学业成绩不好的学生不太重视，而且往往带着有色眼镜看待，甚至挖苦讽刺，巴不得借家长之手，好好地整治一下他们。

老师心里很想把学生教好，但是如果老师对学生缺乏关爱之心，单单有"恨铁不成钢"的感悟是不够的。关爱学生、尊重学生、信任学生，这三个标准连在一起，才会激励学生求知的欲望，从而培养出优秀的人才。

教学是教育的重要互动，是由教师的教和学生的学共同组成的一种人类特有的人才培养活动，是一种教师和学生双边互动的特殊人际关系沟通。通过教学活动，教师有目的、有计划、有组织地引导学生自觉地学习以及加速掌握文化科学基础知识和基本技能，全面提高学生的综合素质，使学生成长为能够适应社会、满足社会需求的合格人才。

教学是学校实现教育目的、完成教育任务的主要途径,是学校教育活动中一种基本的经验传授方式。教学的基本性体现在两个方面:一是教学以完成智育任务为本,二是在完成智育任务的同时,完成德育、体育、美育等其他教育任务。

教学的任务包括以下几个方面:

第一,向学生传授系统的科学文化知识,培养和训练学生基本的生存工作技能和技巧,发展学生的智力和各种解决问题的能力。

第二,帮助学生树立人生观、价值观,逐渐形成自己的道德品格,养成自己独立的思想意识。

第三,促使学生身体正常发育,有一个能适应社会生活的身体素质。

第四,培养学生养成自己正确的审美观,掌握感受美、鉴赏美和创造美的基本知识和基本能力。

第五,帮助学生掌握基本的劳动工作技能,学会使用各种劳动工具。

在教学过程中,教师必须遵循教学规律,处理好传授知识和发展智能的关系,处理好传授知识与促进学生健康成长的关系,发挥教师的主导性和学生的积极性、自觉性,不断地提升教与学的质量。

小知识

罗伯特·欧文(1771~1858),英国空想社会主义者、现代人事管理之父、人本管理的先驱,也是历史上第一个创立学前教育机构(托儿所、幼儿园)的教育理论家和实践者。1813年左右,他根据自己亲身实践,总结出了一整套学前教育理论,并把它反映在新出版的著作《新社会观》(又名《试论性格的形成》)里。

二、教育离不开教学——学以致用，教书育人

"幼儿教育之父"福禄贝尔创办第一所幼儿园，是学前教育学的良好开端

学前教育是专门研究学前教育现象，揭示学前教育规律的一门学科。

应该很难找到一位教育家和福禄贝尔一样，经历了如此悲喜交加的童年生活。他出生在德国农村，仅仅过了九个月，母亲就与世长辞了。

还这么幼小就失去母爱，这对福禄贝尔是多么巨大的打击。福禄贝尔的父亲是一位虔诚的牧师，负责六七所教会的工作，工作十分忙碌，根本无暇顾及福禄贝尔和他的哥哥姐姐们。小福禄贝尔被交给了佣人，在佣人抚育下一天天长大。

转眼间三年过去，幸运女神忽然想起了四岁的福禄贝尔，给他送来一位好继母。新母亲十分喜欢福禄贝尔，对他视如己出，给予他无私的母爱。小小的福禄贝尔感受到了母爱，度过了童年生涯中最快乐的时光。

可是好景不常，两年后继母生孩子了，而且是一名男孩。自从有了自己的儿子，继母对待福禄贝尔完全变了，不但不再像过去那么疼爱他，还把他视为外人。福禄贝尔再次与幸福失去缘分，幼小的心灵饱受着打击。自然而然，他与继母之间的关系越来越微妙，"代沟"逐渐加深。由于深受这些因素影响，福禄贝尔性格内向，常常孤独一人，不喜欢与人交往。但是乡村生活为他敞开了大自然的怀抱，让他沉浸在自然的安慰里，可以独自思考。花草树木成了福禄贝尔的朋友，它们倾听他的心声，并让他体会到了宇宙的真理和奥妙。

十一岁时，福禄贝尔在舅舅的资助下进了一所私立学校，后来又按照父亲的要求学习建筑。然而，成为建筑师并非他的理想，1805年，福禄贝尔立志成为一名教育家。

从此之后，福禄贝尔树立起一个强大的信念：要用教育改变国家乃至整个人类。1826年，他创办"人间教育"，并办起了学校，来实现自己的教育思想。1833年，福禄贝尔成立了孤儿院，为四至五岁的孩子讲授学前课程，开始实践幼儿教育。1837年，他设立"自教自学"的直观教学模式，提出以游戏活动的方式开启幼儿灵

性，主张按照人性特点进行教学活动，鼓励满足幼儿所有的兴趣和要求。

福禄贝尔开办的第一所幼儿园，就是开展学前教育的地方。他开创了学前教育的先河。

学前教育是一种启蒙教育，也是一门综合性强、涉及面非常广泛的学科，是针对儿童在语言、身体等发育不同特点的情况下，如何遵循其规律来实施教育的学科。它是由家长和教师根据儿童发展和儿童教育的基本理念，利用各种实物教材，采用各种方法，有目的、有计划、有系统地针对幼儿和儿童的发育特点，科学地实施对幼儿和儿童大脑的刺激行动，促使幼儿和儿童大脑各部位的功能逐渐发育完善而进行的教育活动，从而促进幼儿和儿童健康快乐地成长。

福禄贝尔对学前教育具有特殊的贡献，因此被世人誉为"幼儿教育之父"，他的名字也和幼儿园紧紧地联系在一起

学前教育以儿童为中心，对儿童进行多方面综合性培养，包括观察力、想象力、思维力、记忆力、语言表达能力和创造力的培养。同时，逐步激发儿童的学习兴趣和求知欲，培养幼儿和儿童养成良好的行为习惯，发展他们适应社会的基本能力。注重幼儿和儿童的情感需求，为他们提供一个快乐的环境，施教于乐，把学前教育办成人生的第一个乐园，确保幼儿和儿童健康地成长。

从事学前教育的机构一般是幼儿园，从事学前教育的教师一般称为幼师。幼师必须掌握观察幼儿、分析幼儿的基本能力，必须具备对幼儿实施保育和教育的基本技能。

学前教育学主要包括学前教育学、幼儿教育史、幼儿心理学、幼儿保健学、幼儿游戏理论、幼儿园教育研究、幼儿园课程设计与实施、幼儿教育研究方法等分支学科。

小知识

弗里德里希·福禄贝尔（1782～1852），德国教育家，幼儿园运动的创始人。其教育理论以德国古典哲学和早期进化思想为主要根据，以裴斯泰洛齐的教育主张为主要教育理念。1826年出版的《人的教育》是福禄贝尔的教育代表作，反映了他对哲学和教育学的基本观点。

二、教育离不开教学——学以致用,教书育人

从苏珊的帽子联想小学教育

　　小学教育就是初等教育,或称基础教育,使受教育者打下文化知识基础,做好进行初步生活,准备走向社会的教育活动。

　　苏珊是一个可爱漂亮的小女孩,今年该读一年级了。可是刚刚入学不久,她就遇到了大麻烦,身体长了一个肿瘤。苏珊必须接受化疗,这是一种残酷的治疗方法。三个月后,如同所有化疗过病人一样,她的头发全部掉光了。顶着光秃秃的小脑袋,苏珊心情沮丧极了,不知道该如何继续以后的学习生活。

　　在苏珊即将返回校园前,她年轻的女老师了解到这情况后,郑重地对全班同学说:"孩子们,从下个礼拜起,我们要学习认识各种帽子。所以,你们都要戴着自己的帽子到学校来,而且样式越新奇越好。"

　　礼拜一到了,离校三个月的苏珊重新回到教室,当走到教室门口时,她的脚步沉重起来。她犹豫、担心,不敢进去,因为她戴着一顶帽子,害怕自己成为同学们眼中的另类,引起大家议论和嘲笑。然而,苏珊的不安很快便消失了,因为她意外地发现班上的每个同学都戴着帽子。同学们的帽子各式各样、五颜六色,自己的帽子与之相比,是那样普通,根本不会引起任何人的注意。苏珊的心情立刻放松下来,不安和沮丧的情绪顷刻间飘散不见了。

　　小学教育是学校针对六到十二岁少年儿童所实施的教育活动,在教育活动中属于基础教育。很多国家把小学教育视为义务教育,是儿童必须接受的,完成小学教育是每个适龄儿童的基本权利。

　　小学教育对提高一个国家或民族的整体文化水平,起着极其关键的作用。因此,基本上每个国家或民族在其社会经济文化发展到一定历史阶段后,都会把小学教育作为实施义务教育的目标或普及全民教育的基础。

　　小学教育阶段,正是儿童的品德、智力、体质和审美能力形成并得到充分发展的主要阶段。

　　它具备了以下一些性质:第一,小学教育是为促进儿童智力、品德、体质、审美等全面完善和发展,打下最初坚实基础的教育。第二,小学教育为儿童将来接受中等教育、高等教育打下知识基础和能力基础。中等教育和高等教育的教学质量的提高,都要依赖于小学教育质量的全面提升。

　　小学教育的学制一般为六年,儿童年满六周岁后必须入学,接受在校教育。开

设的课程主要包括语文、数学、自然科学、人文历史、美育、生活常识、体育等内容。

目前,世界各国的小学教育日益注重加强对儿童基础知识的传授,其重点在提高儿童的基础学习能力。教学形式和方法日趋灵活多样,既重视统一教学要求,也注重因材施教,根据学生的特点,发展特色教育。

小知识

梁启超(1873～1929),中国近代史上著名的政治活动家、启蒙思想家、教育家、史学家和文学家,戊戌变法领袖之一,曾宣导文体改良的"诗界革命"和"小说界革命"。著有《清朝学术概论》、《墨子学案》、《中国历史研究法》、《中国近三百年学术史》、《先秦政治思想史》、《中国文化史》、《变法通议》等。其著作合编为《饮冰室合集》。

二、教育离不开教学——学以致用,教书育人

三毛"吃"鸭蛋吃出中学教育的敏感性

中学教育就是中等教育,是在初等教育基础上继续实施的教育,包括普通中学和技职教育两部分。其中主要部分是由普通中学构成,担负着为高一级学校输送合格学生以及培养各类专业技术人员的双重任务,是一个国家普及教育的主体部分。

三毛是个纯真的女子,在她的世界里,不能忍受虚假,就是这点求真的个性,使她特立独行,坚持自我

著名作家三毛,其作品《撒哈拉的故事》曾经感动过亿万年轻人的心,创造了一段文学神话。

三毛本名陈平,谈起她的成功,少年时代的一段经历对她的成长影响深远。在读中学二年级时,三毛的数学成绩很差,总是不及格。生性敏感的她不甘落后,经过用心观察和努力分析,她注意到老师每次出的考题,总是从课本的习题里选出的,让学生们做。三毛虽然数学差,可是记忆力超强,她注意到这个规律后,就采取死记硬背的措施,将习题集里的题目和答案牢牢背熟,这样考试时,她就能得满分。

果然,接连六次考试,三毛次次满分。这一结果让她感到极为振奋,却引起了数学老师的怀疑:"这个学生一向数学极差,怎么最近连续得满分,是不是作弊了?"

老师为了验证自己的疑虑,决定当面考核三毛。老师不愧是老师,很快想出了一个办法。这天,老师把三毛叫到办公室,给她一张数学试卷,很有把握地说:"陈平,给你

十分钟时间,请把这些题目做出来。"

三毛拿过考题,一看上面的题目都是中学三年级的,根本看不懂,更不要说演算了。她呆呆地坐了十分钟,然后对老师说:"我不会。"

老师用一副不屑的神情,把三毛赶出办公室。下一节课开始了,老师走进教室,对全班同学说:"我们班上有一位同学,她最喜欢吃鸭蛋了。今天我就请她吃两个。"说完,她把三毛叫上讲台,然后拿起毛笔蘸满墨汁,在三毛的眼睛周围画了两个大大的黑圈。老师一边画一边得意地笑着,"不用害怕,不会痛的,晾晾就好了。"

很快,"鸭蛋"画好了,老师的声音忽然严厉起来:"转过身去,让全班同学们好好看看!"

三毛当时只有十二三岁,是个不懂得保护自己的小女孩,听从老师的话默默转过身去,全班同学立刻哄堂大笑。

第二天,三毛来上学时,两腿像是灌了铅一样,好不容易挪到教室门口,却晕倒在地。从此,她心理出现障碍,离开了校园。

中学教育和小学教育一样,具有基础性的特征。其基础性表现在,中学教育对青少年进行全面的综合知识、综合技能和综合素质的教育,为他们走向社会,进行生活和发展奠定生存能力基础。中学教育的主要目的是为了使学生成长为合格的公民和合格劳动者。一是为就业打基础,二是为接受高一级学校教育做准备,三是为终生学习累积经验方法。

普通中学的教育对象都是青少年,他们正处于青春期,身体发育快,心理和情绪变化大,是增长知识、学习技能、养成世界观和价值观、培养品德情操最重要最关键的时期。因此,这一阶段的教育,不仅包括智育教育、技能的发展,也包括身体教育、品德修养、心理素质的发展等。要把全面提高学生的智力素质、身体素质、心理素质和社会文化素质作为中等教育的主要目标,为培养合格公民,促进整个社会文明健康发展,发挥出教育应有的功能作用。

小知识

约翰·弗里德里希·赫尔巴特(1776～1841),德国著名的哲学家、心理学家和教育家,被誉为"科学教育学之父"。主要著作有《普通教育学》、《论世界的美的启示为教育的主要工作》、《教育学讲授纲要》等。

二、教育离不开教学——学以致用，教书育人

"现代大学之父"威廉·冯·洪堡推行大学教育

大学教育又叫高等教育，它不同于初等教育和中等教育，不在义务教育范围内，是在初等教育和中等教育基础上实施的专业教育，是培养高级专门人才的一种学校教育活动。

在德国首都柏林有条著名大街——菩提树下大街。这条街道全长一千三百多米，两边种着四行挺拔的菩提树，像一道翠绿的长廊。在街道的右边，矗立着世界上最有名的大学之一——洪堡大学。洪堡大学创建于1810年，曾经聚集过最优秀的学者和教授，如黑格尔、爱因斯坦，培育出一大批优秀的人才，其中有二十九位诺贝尔奖得主。

说起洪堡大学，就不得不提创建者威廉·冯·洪堡的故事。他从小与弟弟亚历山大一起接受良好的教育，但这对兄弟志趣不同，哥哥威廉热衷于教育事业，成为当时的普鲁士教育大臣；弟弟亚历山大喜欢探险旅行，读大学时就游历了英国。

后来，洪堡兄弟的母亲去世，为兄弟俩留下一大笔遗产。这时，哥哥威廉开始着手自己的教育改革事业，在他的努力下，以"研究教学合一"为精神创办的大学成立了，也就是洪堡大学。根据威廉的理念，这所大学成为"现代大学之母"。学校提倡学术自由，以知识和学术为最终目的，担负着双重任务：一是探求科学真知，二是提高个性与道德修养。

在此之前，欧洲和其他地方的大学，大多强调务实精神，以培养教师、公职人员或者贵族为主，对学术研究重视不够。在威廉·冯·洪堡新观念倡导下，洪堡大学成为第二次世界大战之前世界的学术中心，大批学者、大师聚集于此，留下了宝贵的财富。

威廉创办洪堡大学之际，弟弟亚历山大完成了几次旅行考察壮举。他攀登了厄瓜多尔的钦博拉索山，游历俄罗斯，直达中国边境。他三次登上维苏威火山，考察过印第安人，还潜入泰晤士河底。这些成功的研究和发现，让他赢得了尊重和欢迎，在欧洲名声大振。

凭借着自己的声誉，以及对旅行的热爱，亚历山大在洪堡大学开设了一门全新课程——"宇宙"讲座，丰富了洪堡大学的学术研究内容。正是他的介入，使得学校

开始注重自然科学的研究,让自然学科得到了迅速发展。

大学教育又叫高等教育,它具有三项功能:第一,为社会培养各种高级人才。第二,进行科学研究和实验。第三,服务社会,为社会解决各种难题和挑战,提供人才和解决思路。

高等教育的发展历史,源于中世纪的大学,后来经过几百年的发展,又经美、英、德等国家的大学不断转型,为高等教育的发展提供了更加广阔的前景和方向。

无论是教育性质还是社会职能、人才培养目标和教育对象的身心发展状况,大学教育与基础教育不同,师生关系、学生实现学习与发展的途径、方法等众多方面,都要比基础教育复杂得多。大学教育是建立在基础教育之上的专业教育,培养的是各个学科、各个专业领域中的高级专门人才。为此,大学教育具备了以下特点,那就是专业性、阶段性、创造性、开放性和自主性。

哲学家黑格尔曾经说过:"没有洪堡大学,就没有光辉灿烂的德意志文明。"

小知识

赫伯特·斯宾塞(1820～1903),英国社会学家,被誉为"社会达尔文主义之父",主张把适者生存的理论应用在社会学上,尤其是教育及阶级斗争中。著有《心理学原理》《第一原理》《教育》《生物学原理》《社会学研究》《社会学原理》《伦理学原理》等。

二、教育离不开教学——学以致用，教书育人

卖油翁的表演属于职业教育范畴

　　职业教育就是指一种关于职业技能的教育活动，使受教育者获得某种职业或者某种生产劳动所需要的相关职业知识、工作技能以及职业操守的教育。

　　北宋年间，有个叫陈尧咨的年轻人，练就一手射箭的绝活，名震当地。有一天，他在自家后花园练习射箭，十之八九都能射中，旁观的看客们纷纷拍手叫好，陈尧咨也很得意。

　　可是，围观的群众中有个卖油的老翁，颇不以为然，他只是略微点点头，表示认可。陈尧咨看在眼里，气在心头，很不高兴地走过去略带讪笑地问："老人家，我射箭的水平怎么样？"

　　老翁斜着眼睛瞄了瞄陈尧咨，淡定地回答，"你射得很准，但并没有什么奥秘，只是手法熟练罢了。"陈尧咨的自尊心受到了伤害，又不便发作，就追问老翁说："那你有什么本事啊？亮出来让大伙儿瞧瞧。"

　　老翁不甘示弱，默默地掏出一枚铜钱盖在盛油的油葫芦口上，用勺舀了一勺油，高高地举起，倒向铜钱口。只见一条细细的线穿过铜钱口，流到了葫芦里。整勺油倒完，未见铜钱沾上半点油星，观众啧啧称奇。老翁抬头对陈尧咨说："我也没什么独特的奥秘，只不过手法熟练罢了。"

　　卖油翁的表演非常职业，他所掌握的倒油技能，就属于职业教育范畴。

　　职业教育是以培养社会应用型人才为目的，使之成为具有一定的文化水准和专业知识技能的劳动者。与普通教育和成人教育相比，职业教育侧重于对受教育者的实践技能和实际工作能力的培养，例如对员工的职前培训、各种职业学校的职业技能培训等等，都属于职业教育。

　　职业教育分为学历教育和非学历教育两种，针对社会劳动力市场的需求和某职业的具体技术要求，培养大量掌握先进技术的应用人才和熟练工人。它是国民教育的重要组成部分，在教育结构的发展战略上，占有重要的地位。

　　一般来说，职业教育体系常常包含职业学校教育和职业培训两部分内容。职业学校教育是一种学历教育，分为初等职业学校教育、中等职业学校教育和高等职业学校教育三个级别。初等职业教育，是在受教育者完成小学教育基础上实行的职业学校教育；中等职业教育，是受教育者在完成中学教育的基础上所进行的学校职业教育，这种职业教育在各个国家比较流行，成为一种普遍采用的职业教育形

式;高等职业教育,是受教育者在完成高级中学教育的基础上所接受的学校职业教育,它以培养高级技术人才为主,与行业关系紧密,为行业配套,是很多发达国家经常采取的一种职业教育。职业培训是一种非学历教育,具有短期性和实用性的特点,针对性极强,形式多样,是很多企业常常采用的职业教育形式。

小知识

康斯坦丁·德米特里耶维奇·乌申斯基(1824～1871),著名教育家,俄国教育学体系的创立者和俄国科学教育的创建者。他的著作是当时教育工作者的必读书,所以他又被称为"俄国教师的教师"。著有《论公共教育的民族性》《劳动在心理和教育上的作用》《人是教育的对象》等。

二、教育离不开教学——学以致用，教书育人

天鹅之死在于过重的课外教育

课外教育，是在学校教育的课程计划、学科课程标准以外，利用非课时间，对学生实施的各种有目的、有计划、有组织的非课堂教育活动。

有一个美丽的湖泊，湖中有个小岛，岛上生活着一对靠捕鱼为生的夫妇。丈夫每天摇船捕鱼，妻子负责家务，日子虽说清贫，倒也安详自得。他们除了购买油盐酱醋，很少与外界来往。

一年秋天，一群天鹅从遥远的北方飞到了小岛上，它们准备到南方过冬。夫妇俩见到这群远方来客，格外激动，他们在此居住多年了，还没有见到过如此美丽的天鹅。为了招待这群来客，夫妇俩拿出了最好的食物，还有最新鲜的小鱼。天鹅们享受着美味和热情，很快与这对夫妇成为好朋友，它们不仅可以自由自在地在岛上游玩，还可以跟随渔船出行，嬉戏左右。

清朝黄慎《渔翁渔妇图》

渐渐地，冬天的脚步越来越近了，天鹅们该南飞了，可是夫妇俩舍不得它们离开。他们想出了办法，白天让天鹅们快乐地在湖上觅食，晚上就打开茅屋，让它们进来取暖。当湖面结冰之后，夫妇俩拿出食物喂养它们。有了这种无微不至的关爱，天鹅们在岛上幸福地生活下来，一直到春天。

日复一日，年复一年，天鹅们成了岛上的长期居民，再也想不起南飞了。夫妇俩自始至终奉献着他们的爱心，关照着可爱的天鹅。

然而，夫妇俩逐渐衰老，终于有一天他们走不动了，相继离开人世。没有了人类的关照，天鹅们的身影也很快消失不见了。原来在冬天来临时，它们不知道南飞躲避严寒，又没有茅屋取暖，只能活活冻死、饿死。

天鹅之死，预示着过多的关爱是一种负担，会加速灭亡。

课外教育是学生学校教育的重要补充形式，它的兴起，是传统的封闭型教学向现代开放型教学的具体体现，是培养和训练学生良好的动手能力和累积社会生活经验的重要途径。在学生意志力、情感力、公民意识培养上，起着不可估量的作用。

作为一种有效的教育方法，课外教育有以下优点：

第一，有利于开阔学生的视野，获得课堂上学不到的社会新知识。由于课外教育不受学科课程标准和教材的限制，学生可以根据自己的兴趣与爱好，广泛涉猎各种新知识，接触自然界各种新鲜事物，参加各种丰富多彩的社会活动，吸收来自社会各方面的信息，以此提高学生的观察力、思考力和意志力。

第二，课外教育可以根据学生的性格特点，因材施教，发展学生的个性特长。有利于学生根据自己的差异性特点，满足自己对不同知识的需求，进而扬长避短，激发自己的兴趣爱好，增强学习知识文化的兴趣。同时，有利于教师因材施教，培养学生的优势科目，更好地发挥人才的专长。

第三，由于课外教育以学生的亲身实践为主，不仅使学生培养了观察能力、动手能力，得到实际能力的锻炼，还能够培养学生的思维能力，解决实际问题的能力。这对培养学生的社会适应能力有着很大的帮助。

第四，课外教育能够增强学生的公民意识，培养学生的社会责任感，有利于学生情感的成熟和增强对社会直观深刻的认识。

小知识

让 雅克·卢梭(1712～1778)，法国著名启蒙思想家、哲学家、教育家、文学家，是18世纪法国大革命的思想先驱，启蒙运动最卓越的代表人物之一。主要著作有《论人类不平等的起源和基础》、《社会契约论》、《爱弥儿》、《忏悔录》等。

二、教育离不开教学——学以致用，教书育人

造父学驾车得益于会处理师生关系

师生关系是指学校教育中，教师和学生在教育、教学过程中形成的相互关系，是人际关系的一种表现形式。包括彼此所处的地位、所起的作用和相互对待的态度等，是由教与学这种特殊的关系体系构成的、双方互动的关系模式。

造父是中国古代著名的驾车能手，像所有身怀绝技的人一样，他的本领也是通过拜师学艺学来的。造父跟随泰豆氏学习驾车，总是谦恭有礼。然而他拜师三年了，泰豆氏却什么也没有教他。

这时，与造父一起学习的人有些不满了，抱怨说："师父什么都不教，我们为什么还要尊敬他？"有的甚至出言不逊。但造父没有人云亦云，他一如既往地尊重师父，尽到一位做弟子的礼仪，丝毫都不怠慢。

有一天，泰豆氏忽然对造父说："古人说，擅长制造弓的人，一定要先学习编织簸箕；擅长冶金炼铁的人，一定要先学习缝补皮袄。现在你想学习驾车的技术，就要先跟我学习快步走路。只有像我一样走得快，才能够手执六根缰绳，驾驭六匹马拉的大车。"

造父听了这话，十分高兴，赶紧说："我一定遵从师父的教导，好好练习。"

于是，泰豆氏在地上竖起木桩，铺成一条窄窄的道路，然后他踩在上面，快步如飞地穿行。造父按照师父的示范动作去做，只用了三天时间，就掌握了快步走路的技巧。

泰豆氏看到造父学习进步神速，十分感慨地说："真是机敏灵活！像你这么快掌握快行技巧的人，实在不多见。"说完，他进一步指导造父关于驾车的技巧。他说："走路离不开脚，同时要受到心的支配，你如果能够按照这个原理去驾车，从内心深处了解到要使六匹马走得整齐划一，必须掌握好缰绳和嚼口，让马能够缓急适中地走路，相互之间配合一致。同时，你还要了解马的性情，知道如何控制它们，如何转弯，如何进退，如何节约体力。做到这一切，除了双手能熟练地操作缰绳外，还要靠心的指挥。那么，你驾着马车上路后，不用眼睛看，不用鞭子赶，完全放松心神和身体，也可以做到缰绳不乱，马的落脚点不差分毫，进退自如有节奏。这些就是我的全部驾车技术，如果你能领会到这个原理，按照我说的去做，以后不管驾车行走在什么样的道路上，都是一样的。希望你好好记住。"

造父学驾车体现的是一种师生关系。它是在一种特殊的秩序规范下维系的关

系,既受到教育活动规律的制约,也受到社会关系的影响。不同的社会形态、文化背景和社会习俗,都会导致师生关系体现出不同的处理方式。

师生关系在教育活动中,是责任和义务的关系,是开展教学活动的前提和保证,是实现教学目标的关键途径,直接影响着教学的效果和教学的品质。同时,从人际关系的角度看,师生关系又是平等和民主的关系。因此,师生关系在教学上,又存在着互相期待的效应,学生期待老师教得更好,老师期待学生学得更好。

由于师生关系不是一种单一的关系形式,其中包含了教学关系、师从关系、个人关系、心理关系、道德关系、管理关系等多重关系,构成了一个多层面的关系体系。所以,如何处理师生关系,就成了教学成败的关键,因为所有的这些多层次关系,都以师生关系为基础。没有了这层关系,其他关系就失去了存在的依据和意义。在教与学中,教师是主导,学生是主体,只有良好的师生关系,才能保证课堂教学顺利进行,才能保证教学目标高质量地实现,才能确实保证教学相长。

在教学活动中,师生关系是重要的教学变量,良好的师生关系不仅有利于提高教师教学的积极性,而且有利于提高学生学习的积极性,二者相辅相成,才能真正促进教育活动的顺利开展。

《八骏图》中的八匹马传为周穆王御驾坐骑,谓"王驭八龙之骏",由善驭者造父驾驭

小知识

苏霍姆林斯基(1918～1970),前苏联著名教育实践家和教育理论家。在从事学校实际工作的同时,他进行了一系列教育理论问题的研究,写有《给教师的一百条建议》《把整个心灵献给孩子》《巴甫雷什中学》《公民的诞生》《失去的一天》和《给女儿的信》等教育专著。

二、教育离不开教学——学以致用,教书育人

张伯苓戒烟戒出教师的基本素养

教师是教育的主要资源,是实现教育目标的关键因素,教师的素质,决定了教育质量的高低。

张伯苓是中国著名的爱国教育家,从青年时代起,他目睹清政府腐败无能和帝国主义列强对中国的欺凌,遂立志兴办教育,抵御外侮,振兴中华。在将近半个世纪的岁月里,他从传授"新学"的家馆开始,逐步创办了南开中学、南开大学、南开女中、南开小学、重庆南开中学,为国家培育了许多优秀人才。

张伯苓一生办学,被称为"南开先生"。他在世的七十五年,大部分时间都用在了兴建维系南开系列学校上,可谓殚精竭虑,从无保留。

在教育实践中,张伯苓先生曾经说:"正人者,必先正己,要教育学生,必先教育自己。"

有一次,张伯苓先生在南开中学看到一个学生,手指被烟熏得发黄,就立即对他说:"抽烟对身体有害,你瞧你,手指都被熏黄了,不能再抽了,应该戒掉它。"

学生听了这话,竟然回答道:"先生你不是也抽烟吗?"

张伯苓先生当即一愣,但他没有生气,反而强烈地意识到,要想教育学生,必先教育自己的意义。他想:"作为校长、老师,凡事都要以身作则,才能教育好学生。"于是他让校工把自己的香烟全部取来,然后当着全体师生的面销毁了。

这件事在南开中学影响深远,从此之后,在校学生再也没有一个人抽烟了。

一般认为,"教师"这一词汇有双重含意,一是指一种社会角色分工,二是指这种角色的直接承担者,也就是担任这种角色的人。广义的教师包括了所有传授经验知识的人,而教育学范畴的教师,多是指狭义的教师,即那些受过专门的教育和训练,并在学校教育活动中从事教育、教学的专业人员。

从事教育工作的教师必须具备基本的素质,包括精神素质、知识素质、道德素质和能力素质等几个方面的素质。

教师的精神素质是其取得教学成功的精神力量,本着教学相长的原则,教师要有勤奋好学、积极进取、勇于创新的精神和坚忍不拔的毅力,在教学中要保持饱满的热情和积极的精神面貌。

教师有了好的精神面貌,还必须要具备知识素质。知识素质是教师能否从事教育工作的基础,教师既然是科学文化知识的传播者,其自身就必须要是科学文化

张伯苓先生与学生的合影

知识的拥有者,要有牢固的基础理论知识,还要具备精深的业务教育知识。

道德素质,也是教师必须具备的基本素质。教师的道德素质,主要表现在要具有崇高的职业道德感上,不仅要教书,还要育人。而育人的首要条件就是以身作则,教师的道德品格,将会对学生起到潜移默化的作用,因此,教师的道德素质是选拔教师人员的重要依据。

教师的能力素质包括教学能力、创新能力和接受新事物的能力,这些能力都是教学活动中所必备的能力,这种能力既包含教师要具有先进的教育思想,也包含教师要有先进的教育方法。只有具备了这些能力素质,才能成为一个合格的教师。

小知识

杰罗姆·布鲁纳(1915~),美国心理学家和教育家,结构主义教育流派的代表人物之一。在教学方法上,他提倡"发现学习"。主要教育著作有《教育过程》、《论认知》、《教学理论探讨》、《教育适合性》等。

二、教育离不开教学——学以致用，教书育人

纪昌学射，懂得尊重课程目标

广义的课程目标，定位在教育与社会的关系上，涵盖教育的多个层次，既包含了教育意图、教育方针等属于社会关系的内容，也包括了狭义课程目标。狭义课程目标，定位于教育内部、教育与学生的关系上，主要是指教育目标，包括教育目的、培养目标、课程教学目的和教学目标，而教学目标又可细分为年级教学目标、单元教学目标和课时教学目标。

甘蝇是中国古代擅长射箭的高手，据说他拉开弓还没有放箭，野兽就会倒地，飞鸟就会从高空落下。飞卫是甘蝇的一名弟子，不但掌握了师父精妙的射术，本领还超过了师父。

纪昌听说飞卫的射术如此高超，就前来向他学习射箭的技巧。飞卫对纪昌说："你先回去练习看东西不眨眼睛，等到达到一定水平，我再与你谈论射术的事。"

纪昌听从飞卫的话，回到家后，仰面躺到妻子的织布机下，眼睛一眨也不眨地盯着来回穿梭的梭子看。他这样练习了三年，即使拿锥尖刺向他的眼睛，他也不眨一下眼。

纪昌觉得自己练得差不多了，就又来到飞卫那里，对他讲了自己的情况。飞卫听了，还是没有教他射箭的技巧，而是说："这还不够，你还要学会把小东西看成大东西，看细微的东西像看显著的东西一样，然后再来与我谈论射术。"

纪昌回到家后，用牦牛尾巴的毛拴着一只虱子，挂到窗子上，然后盯着它看。这样过了十天后，纪昌眼里的虱子渐渐变大了。经过三年的刻苦努力，虱子在纪昌的眼里变得有如车轮一般大，他放眼看其他东西，都像山丘一样高大。于是，他用北方的蓬竹做箭，射向那只悬挂在窗口的虱子，结果正好射中虱子的心，而牦牛尾巴的毛丝毫无损。

当纪昌把练习的情况汇报给飞卫时，飞卫高兴极了，他手舞足蹈，拍着纪昌的胸脯说："太好了，你已经掌握了射术的诀窍！"

纪昌学习射箭，为自己制订了详细的训练目标，这些目标，按照现在的教育眼光来看，就属于课程目标。

课程目标具有整体性、阶段性、持续性、层次性和递进性等特点，根据其性质，又可分为三种目标：

第一种是行为取向性目标，这类课程目标主要是默认学生的学习目标，期待学

62

生的学习成果。这种目标具体、明确，便于操作和评价，具有导向、控制、激励、评价等功能，为一般学校教育所采用，属于常规性课程目标。

第二种是生成性课程目标，这种目标顾名思义，不是由外部事先预设目标，而是在教育活动中，随着教学过程的展开，自然而然生成的目标。关注的重点在教学过程，侧重于学生的兴趣和能力差异，强调目标的适应性和偶然性。

第三种是表现性课程目标，这类目标是指在学校教育教学活动中，以学生的精神创造、思维批判为主，适合那些以学生为主导的课程安排。

影响课程目标制订的因素，主要有学生学习的需要、社会生活对学生未来生活的要求和学科体系建设的需求。

在古希腊神话中，"狩猎女神"阿尔忒弥斯的箭术最高超

小知识

董仲舒（前179～前104），西汉思想家、哲学家、政治家、教育家。他把儒家的伦理思想概括为"三纲五常"，即"君为臣纲，父为子纲，夫为妻纲"和"仁、义、礼、智、信"。此外，他行教化、重礼乐，并提出了神学化的人性论，认为人受命于天，讲求"天人感应"。

二、教育离不开教学——学以致用,教书育人

人生第一课展示儿童智力发育的四大因素

在人类教育中,儿童智力的发育受到来自四个方面因素的影响。首先,儿童自身身体、大脑生理因素的影响;其次,教师的影响;再次,教育环境的影响;最后,教材的影响。

在一家幼儿园里,刚刚入园的孩子们在老师带领下,蹦蹦跳跳地来到了图书馆。

图书馆的地上铺着地毯,孩子们很随意地坐下来,歪歪斜斜的样子,就像是在家里一样。这时,图书馆的老师微笑着走上来,在她身后,是一排排整整齐齐的图书。

孩子们好奇地看着图书馆里的一切,不知道将迎来怎样的人生第一课。

老师开口说话了:"小朋友们,我讲个故事给大家听好不好?"

"好!"孩子们的回答十分整齐。

老师得到孩子们的认可,才转回身从书架上抽出一本书,然后翻了翻,讲了一个浅显易懂,又十分有趣的童话故事。

"小朋友们,"老师合上书本说,"我讲的故事就在这本书里,是一个作家写的。你们长大了以后,也一样可以写出这样的故事。"

说到这里,老师盯着孩子们话锋一转:"现在有哪位小朋友要来给大家讲故事呢?"

有个孩子站起来了,他断断续续地说:"我有一位爸爸,还有,还有一个妈妈,还有……"他稚嫩的声音听上去那么好玩,说的话简直是语无伦次。可是老师没有笑,而是很认真地拿出一张纸,仔细、完整地记录着这个孩子入园后的第一个故事。

故事讲完了,老师扬着手里的纸说:"哪位小朋友愿意为这个故事画幅插图?"

另外一个孩子站出来了,他握着彩色笔,在空白的纸上这里画个"爸爸",那里画个"妈妈"。虽然画得不像样子,可是老师却认真地看着,并在孩子完成后,把这幅插图附在那页故事后面。然后老师取出精美的封面纸,把它们钉在一起。在封面上,老师写下了作者的姓名、插图作者的姓名,还有"出版"的年月日。

现在老师举起这本合作完成的"书",兴高采烈地说:"孩子,祝贺你,这是你的

第一本著作。看见了吧,写书并不难。你们还是小孩子,只能写这类小书,等你们长大以后,就可以写各种大书,成为伟大的人物。"

不知不觉,孩子们接受了人生第一课。

每个儿童的大脑发育状况都不同,皆存在着个体的差异性,这种差异性导致儿童的智力发展方向不尽相同,具有各自不同的兴趣点,接受外界刺激的反应能力也不同。教师对儿童智力的开发,要针对儿童个体大脑发育的差异,采取适合儿童兴趣的启蒙方法,加以恰当地引导,逐步开发儿童的智力发育。

教师在儿童智力发育过程中,起着至关重要的作用:

首先,教师的启蒙会影响到儿童智力的发展方向,从哪方面开始对儿童智力进行启蒙,是教师必须慎重考虑的问题。

其次,教师言行对儿童起着示范的作用,是儿童学习模仿的对象。

再次,教师所教授和传递的知识信息,对儿童的智力发育起着直接的先导作用,其影响具有感染性和权威性,并带有终生性特点。

所以,教师在儿童智力发育过程中扮演的角色,将成为儿童智力发育的关键。

教育环境对儿童智力发展的影响是多方面的,教育所处的环境离不开社会,在社会大环境作用下,形成教育小环境。有什么样的小环境就会塑造什么样的儿童性格,所以,教育环境的培育,在儿童教育中不可忽视。

教材是为了配合儿童智力发育所使用的工具,其目的是为了使儿童能够在游戏中,激发儿童的想象力和创造力。这样,儿童就能够在快乐的游戏中,开发智力,促使智力得到全面发育和发展。

小知识

让·皮亚杰(1896~1980),瑞士心理学家、教育家,发生认识论创始人,以其对儿童智慧发展规律的创造性研究而闻名于世。主要著作有《儿童的语言与思维》、《儿童的道德判断》、《儿童符号的形成》、《从儿童期到青年期逻辑思维的发展》、《发生认识论》等。

二、教育离不开教学——学以致用，教书育人

为了看太阳而迟到，表现出学校、家庭、小区三教育合力的意义

教育合力就是指将学校教育、家庭教育和小区教育有机结合在一起所形成的力量。它是以学校教育为主体，家庭教育为基础，小区教育为依托的三位一体、全方位的教育模式，共同担负起教书育人的重任。

自从儿子上小学后，妈妈就特别留意，害怕儿子的学业会跟不上大家，或者学习出现问题。真是怕什么来什么，最近几天，老师连续打电话告诉妈妈："你儿子这几天总是迟到，家里有什么事情吗？希望你能注意一下。"

妈妈十分生气，也十分诧异，每天早上她总是早早地为儿子准备早餐，看着他吃饱后把他送出家门，为什么还会迟到呢？肯定是他偷跑到别处玩去了，想到这里，她恨不得教训儿子一顿。可是她没有这么做，而是强压怒火，心想："有必要查明一下原因，不能冒冒失失地责备儿子。"

晚上临睡前，妈妈来到儿子的床前，以轻松的语气问道："儿子，能不能告诉妈妈为什么每天那么早出门，却还是迟到呢？"

儿子一脸坦诚地回答："我要到河边看日出，早晨的太阳真是太美了！"

在他们生活的小区旁边，有一条横越过这个城市的河流。每逢天气晴朗，都有不少人聚集在河边，欣赏美丽的日出。

妈妈明白了，她对儿子说："好啊！明天我也和你一起去看日出。"

第二天，母子两人来到河边，加入看日出的人群，妈妈对儿子说："日出真的好美啊！你真棒！"看了一会儿，妈妈把儿子送到学校，这天儿子没有迟到。

下午放学了，儿子回到家后看到书桌上有个小手表，手表底下放着一张纸条，上面写着："因为日出很美，所以我们更应该珍惜时间和学习，你说对吗？——爱你的妈妈。"

学校教育、家庭教育和小区教育，是每个人一生当中接受教育的主要方式。教育合力就是指将这三种教育力量有机结合在一起，形成最有效的合力。使学校教育、家庭教育、小区教育一体化，多层次展开，以提高教育活动的实际效力，提高培育人才全面发展的质量。

学校教育、家庭教育和小区教育，各自有不同的特点。家庭教育主要来自父母

及其亲属对学生日常生活的影响,而小区是一个开放性场所,对学生的影响具有广泛性、多样性、融合性特点,是对学校教育和家庭教育的补充。

一个人的成长,是多方教育因素综合作用的结果,片面地强调哪一方面教育的作用,都是不全面的。将学校教育、家庭教育和小区教育紧密结合,形成教育合力,有利于各种教育的完整衔接和各种教育资源的充分整合,充分发挥教育资源的优势,有利于统一教育方向,使之协调一致,互相促进,截长补短,形成良好的互补作用,最大限度地消除各自的教育弊端,克服不利因素对教育的影响。

学校、家庭、小区三者在教育上的融合,是现代教育的必然要求,也是现代社会发展的需要。只有三者融合,形成教育的合力,才能满足学生全面发展、健康成长的需要,最终将学生培养成既掌握一定的科技文化知识和生存技能,又具有良好的道德品格的合格人才。

小知识

墨子(约前479~约前381),名翟,战国时期鲁国人。他是我国著名的思想家、教育家、科学家、军事家、社会活动家,墨家学派的创始人,并有《墨子》一书传世。

二、教育离不开教学——学以致用，教书育人

会养河马的饲养员就像会教学的老师需要深谙学生习性

习性是一个人在某种自然条件和社会环境下，受到长期的影响所养成的特性，也叫个性特点。

美国有家天堂动物园，最近动物园里新来了一位喂河马的饲养员。新饲养员上任之际，老饲养员语重心长地向他传授经验："不要给河马太多食物，别怕它挨饿，不然它会长不大。"

新饲养员听了这话，丈二金刚摸不着头脑，心想："这是什么道理？不给河马吃饱，还要让它长大，这可能吗？"他含糊地应付了老饲养员几句，开始了自己新官上任三把火的工作。

新饲养员没有采纳老饲养员的建议，他拼命地喂养自己的那头河马，每天给它准备吃不完的食物，希望它快快长大。每当人们看到河马面前的食物，总会情不自禁地赞叹一句："哦，上帝，多么仁慈的饲养员啊！"

可是，新饲养员获得了赞赏，却没有达到想要的目标，他的那头河马真的没有成长的迹象。两个月过去了，他不得不承认一个事实：老饲养员不怎么喂养的河马却比他的河马长得大多了。

阿拉伯人描绘的亚里士多德上课图

难道是两头河马本身条件有差异？老饲养员看出了新饲养员的疑惑，主动说："我和你换着喂养吧！"

此话正中新饲养员的心意，他接管了老饲养员的河马，又开始疯狂地喂养。不久，事实让他再次跌破眼镜：老饲养员喂养的河马又超过自己喂养的河马。

这时，新饲养员不得不诚恳地向老饲养员求教，询

68

问其中原由。老饲养员说:"道理很简单,你喂养河马时,总给它太多食物,这样它就不把食物当回事,不好好吃,结果总也长不大。而我的河马,因为总在缺乏食物中度日,会十分珍惜食物,正是珍惜,才促进了它的成长。"

在教育活动中,教师只有充分了解每个学生的习性,才能有针对性地开展教学活动,因材施教,使每个学生都能很好地学习文化知识、技能,得到全面健康的发展。

一个班级中有十几名甚至几十名学生,这些学生在习性上,存在着很大的差异。而教师在教学过程中,必须深入实际,深入学生的内心世界,充分了解每个学生不同的习性、不同的性格特点,对症下药,采用不同的教育方式和方法,这样才能取得好的教学效果。

教师应该如何了解并掌握学生的习性呢?

第一,要深入到学生日常生活中,经过细致地观察,发现学生的习性和特点。

第二,可以尝试家庭访问,走访学生的家长,从侧面了解学生。知子莫若父,家长看着学生成长,对学生的生活习性和性格特点了如指掌。

第三,多与学生沟通交流,在交流中,会直接感知到学生的性格脾气、习性特点等。

第四,可以从问卷调查的方式,让学生对自己的性格特点有个基本的定位和描述,以此来了解学生。

第五,在对学生的习性有了初步了解后,可以进行试探性验证,以确保对学生性格特点的准确把握。

小知识

荀子(约前313~前238),名况,字卿,著名思想家、文学家、政治家,儒家代表人物之一,时人尊称"荀卿"。他曾三次出任齐国稷下学宫的祭酒,后为楚兰陵(今山东兰陵)令。荀子对儒家思想有相当的发展,提倡性恶论,对重整儒家典籍也有相当的贡献。

二、教育离不开教学——学以致用,教书育人

喜鹊当老师,不能按照课程实施教学

在学校教育中,学生所应学习的学科总和,以及这些学科的学习进程与计划安排,就是课程。

鸵鸟先生到了娶妻的年龄,决定建造一间房子,作为自己未来的家园。可是它没有学过建筑,不知道如何下手,只好向其他动物求教。鸵鸟第一个找到了凤凰。凤凰是建筑行家,据说它的徒弟们都获得了各种建筑资格认证,成为业界名流。

凤凰听了鸵鸟的请求,诚恳地说:"我的徒弟喜鹊已经掌握了各种建筑本领,做出来的窝最漂亮、最实用。你现在建房子,只要找到它,它会帮你解决各种问题。"

鸵鸟很高兴,兴高采烈地来到喜鹊门前,发现还有不少鸟也聚集在这里。原来,大家听说喜鹊是建筑大师,都赶来请求它帮忙建房子。

请求帮忙的太多了,喜鹊没有分身术,不能满足所有鸟的要求。这时燕子急中生智,想出了主意:"既然喜鹊没有时间帮我们做窝,不如让它教给我们做窝的技巧。"

喜鹊看到大伙儿这么热情,都想要学习它的成功经验,就开设了一个建筑培训班。第一期培训开始了,鸵鸟、燕子、麻雀和杜鹃率先走进课堂,静静地听喜鹊讲课。

喜鹊虽然深谙建筑精髓,可是它却不懂教学,只好将事先准备的课程一股脑儿地读给学生们听。

鸵鸟、燕子、麻雀和杜鹃都很用心听喜鹊讲课,只听它一会儿说该用什么材料,一会儿说明做窝的方法,一会儿又说应该要做成什么样子最舒服。结果大伙儿听了半天,根本不清楚喜鹊在讲什么。

终于下课了,喜鹊对大伙儿说:"按照我说的去做,就可以做出最好的窝。"

可是,鸵鸟、燕子、麻雀和杜鹃分头做窝,什么也没做成。

喜鹊当老师,不知道怎么安排课程,也不知道课程在教学活动中的重要性。

广义的课程,是指学校为了实现教育目标而选择的教育内容及其教学进程的总和,包括学校所教的各门学科,以及所有有目的、有计划的教育活动。而狭义的课程,就是指单一的某一门学科,例如语文、数学等课程。

由于教学的侧重点不同,人们对课程内容的认知也不同,有人认为课程就是教材,有人认为课程就是活动,还有人认为课程就是经验。当代学校教育中,课程主要有三种类型,即学科课程、综合课程和活动课程。

学科课程也叫做分科课程,是以学科为中心,围绕学科知识内容来编定的课程。课程都是分科设置,从相对的科学领域中选取知识,根据教学实际需要,分科编排课程,来进行教学安排和实施教学过程。有结构主义、范例方式、发展主义三种学科课程论。

综合课程是一种整合若干相关联的学科,成为一门涵盖范围更广泛的综合性共同领域的课程。这种课程又分为相关课程、融合课程、广域课程和核心课程四种,其作用体现在认知、心理和社会三个方面,有利于解决教学过程中遇到的各种实际问题。

活动课程也称经验课程或者儿童中心课程。学习就是经验的改造或者改组,必须和个人的特殊经验结合在一起,从个人已有的经验开始,要打破严格的学科界限,要让学生在活动中学习,教师只是发挥协助作用,让学生在活动和实验中获得知识经验。

小知识

朱熹(1130～1200),字元晦,又字仲晦,号晦庵、晦翁,又称考亭先生、云谷老人、沧州病叟、逆翁,南宋江南东路徽州府婺源县(今江西省婺源)人。著名的理学家、思想家、哲学家、教育家、诗人、闽学派的代表人物,世称朱子,是孔子、孟子之后最杰出的弘扬儒学的大师。

二、教育离不开教学——学以致用,教书育人

亚里士多德"逍遥游",游出最初学制设想

学制,是国家对各级各类学校的组织系统以及课程设置、学生学习年限的规定。它涉及一个国家的教育制度,包括各级各类学校的性质、教育任务、学生入学条件、学习年限,以及彼此之间的纵横关系。

公元前343年,亚里士多德应邀担任马其顿王子亚历山大的教师。他们是历史上很有名的一对师徒,六年后,亚历山大继位,开始了征服世界的历程。

保罗·委罗内塞的作品——《向亚历山大介绍达利奥家族》

与此同时,亚里士多德与自己的学生亚历山大政见不同,因此离开王宫,回到雅典的吕克昂,开始了授徒讲学、著书立说的生活。

在这片自由的土地上,亚里士多德一共生活了十二年,开创了一种逍遥自在的讲学风格。人们常常看到他漫步在郁郁葱葱的林荫道上,身边跟随着诸多学子,他们一边愉悦地散步,一边谈论各种学问,讲述自己的观点。因为这种逍遥漫游的特色,亚里士多德及其门生被人们称为"逍遥学派"。

但逍遥学派的创始人亚里士多德,在教育上的贡献可不只于此,他创作了大量著作,内容涵盖丰富,几乎涉及了人类学科的各种领域。这些著作博大精深,是许多学科的开山之作。

在教育思想上,亚里士多德也有自己独特的见解,他第一次提出了体育、德育和智育结合的概念,并最初规划了学制设想。他认为教育应该与人的自然发展相适应,将教育划分为三个阶段:从初生到七岁,是学前教育时期;从七岁到十四岁,是学校教育时期,掌握基本的读、写、算知识,并进行体育和音乐训练;从十四岁到二十一岁,是发展学生"理性灵魂"的时期。

学制,是学校教育制度的简称。它一般有三种类型:第一种是双轨制,第二种单轨制,第三种是中间型学制。

双轨制学制中,一轨是学术教育,一轨是职业教育。双轨制是现代学制的一种典型类型。在双轨制学校系统里,其学术教育一轨的发展是自上而下的,先有大学,然后有属于中等教育的预备学校,即文法学校,再次有初等教育性质的文法学校的预备学校。这一轨学制系统,负责学术人才和管理人才的培养。而职业教育一轨,其发展自下而上,先有小学,然后因社会发展需要,设立中等教育性质的职业学校,负责社会所需熟练技术人才和劳动力的培养。双轨制系统里,两轨之间互不贯通,其优点是两轨之间分工明确,分别承担精英教育和大众教育的职责,进而能有效地提高办学的效率。双轨制最大的弊端,是严重地损害了教育机会均等这一现代社会的公平原则,背离了教育普及化、公平化的社会进步基本精神。

单轨制是现代社会普遍采用的一种学制,以美国为代表,能够较好地体现现代教育精神,即公平、公正、人人有享受教育的权利的原则。单轨制实行的是自下而上的系统,小学教育、中学教育、大学教育。

中间型学制,介于单轨和双轨之间,共同以初等和中等教育为基础,在高等教育时期实行双轨制。

小知识

陶行知(1891~1946),著名教育家、思想家。他提出了"生活即教育"、"社会即学校"、"教学做合一"三大主张,其中,生活教育理论是其教育思想的理论核心。著作有《中国教育改造》、《古庙敲钟录》、《斋夫自由谈》、《行知书信》、《行知诗歌集》等。

二、教育离不开教学——学以致用，教书育人

柏拉图创建"理想国"，首次提出教育制度问题

教育制度是一个国家各级各类教育机构与组织体系有机构成的总体及其正常运行所需的种种规范、规则和规定的总和。

柏拉图是伟大的哲学家，其思想对欧洲乃至整个世界产生了深远影响。

柏拉图是雅典贵族，年轻时师从苏格拉底。在苏氏遇难后，他游历各地，先后到达埃及、小亚细亚和意大利从事政治活动，希望实现自己的贵族政治理想。由于政治活动失败，公元前387年，柏拉图逃回雅典，在阿卡德米体育馆附近创办了一所学园，从此开始了授课传业的教学工作。在这里，他工作了四十多年，直到去世。

"阿卡德米"一词沿用至今，已经成为了学校和学术研究机构的代名词。意大利杰出的画家拉斐尔所画的《雅典学院》，就是以阿卡德米学园为题，来表彰人类对智慧和真理的追求。

这是一所为系统地研究哲学和科学而设立的高等学府，曾经名震天下。柏拉图把创建和主持学园教育当成最重要的事业，他提出办学宗旨是培养具有哲学头脑的优秀政治人才，造就一位胜任治国大任的哲学王。看来，他无时不忘自己的

74

"理想国"。《理想国》是柏拉图的主要著作之一。在书中,柏拉图表达了自己的政治理想,为后人展现了一个完美优越的城邦,故名"理想国"。

虽然柏拉图时刻以"理想国"为最高目标,但是在具体的教学过程中,依旧深信从事数学研究能培养人的思维能力。所以,在学园的具体课程设计上,他继承和发展了毕达哥拉斯学派的以数学为主的方针。在学园的门口,他亲自写下这样一行字:不懂几何的人,不得入内。

为了普及数学教育,柏拉图甚至提出了这样的主张:在城邦内全体居民务必学习几何。他认为学过几何的人在学习其他学问时,比没有学过几何的人要快得多。

在柏拉图倡导下,学园的数学教育成果卓著,为希腊培养了一大批数学人才。当时知名的数学家绝大部分都是柏拉图的学生或者朋友,他们聚集在学园内,进行数学交流活动,形成了以柏拉图为核心的柏拉图学派。

任何国家教育的发展,都离不开教育制度。教育制度既包括教育机构,如学前教育机构、学校教育机构、业余教育机构和社会教育机构等,也包含这些教育机构之间的组织关系。这些机构设立的主体是国家,是一个国家教育方针制度化的具体体现。

教育制度是与政治、经济、文化、家庭和宗教等制度,并存于社会结构中的一种普遍适用的社会制度。其任务是确保包括人类行为模式和价值标准在内的文化知识、精神产品的传承和发展,为社会提供各种符合人类社会发展所需的各类人才,确保社会中每个人都能顺利成长和生活。

教学系统是教育制度的重要组成部分,它要为尚未达到入学年龄的儿童提供学前教育;要为达到入学年龄的少年儿童、青少年提供包括初等教育、中等教育和高等教育在内的各级学校教育;要为生理或心理上有缺陷的少年儿童,提供符合他们需求的特殊教育;要为已经超过正常学龄范围的人,包括各类在职人员等,提供职业教育、成人教育、继续教育、业余教育等。同时,教育系统也包括各级教育的行政管理机构等相关组织。

教育制度作为社会制度,具有国家法律性质,并不适用于非教育机构和组织所从事的临时性、零星的教育活动。

小知识

晏阳初(1893~1990),中国平民教育家和乡村建设家,被誉为"世界平民教育运动之父",著有《平民教育的真义》、《农村运动的使命》等。

二、教育离不开教学——学以致用，教书育人

受到惩罚的未来科学家演绎教学过程

教学活动的展开过程就是教学过程。它是教师根据一定的社会要求，针对学生的身心发展特点，在一定的教学条件下，指导学生通过了解教学内容来掌握知识信息，认识客观世界，进而促使学生自身得到智力、体力、审美和品德等全面发展的过程。

走进英国的亚皮丹博物馆，有两幅藏画特别引人注目，常常令参观者驻足。这两幅画其中一幅是骨髓图，另一幅是血液循环图。为什么这两幅图会如此吸引观众的目光呢？

说起这两幅图的由来，真是让人格外惊奇。它们并非出自名人之手，而是当年一位小学生画的。一位小学生绘画的解剖图能够悬挂在博物馆内，这背后又有怎样的故事呢？

这位小学生名叫麦克劳德，他不仅顽皮贪玩，还充满了好奇心，不管遇到什么总想探究个明白。

有一次，麦克劳德突发奇想，打算看看狗的内脏是什么样子。于是，他立刻约了几个小朋友，经过短暂的商议后，便带着工具开始了行动。不一会儿，他们抓到了一只狗，把它带到秘密"解剖室"。

麦克劳德亲自操刀把狗宰杀了，然后将它开膛破肚，一件件地剥下内脏，并把它们取出来仔细观察。

然而，麦克劳德没有想到，他宰杀的狗是校长的宠物。校长听说麦克劳德等人把狗杀了，还把内脏取出来，非常生气，决定惩罚罪魁祸首麦克劳德。

麦克劳德十分担心，不知道校长会怎么惩罚自己。校长经过一番考虑，公布了惩罚方案，让麦克劳德画一幅狗的骨髓结构图和

中世纪的解剖手术

一幅血液循环图。这结果真是出乎所有人意料,麦克劳德深知所犯过错,急忙认真地绘制解剖图。当校长拿到麦克劳德交上来的两幅图时,当即转怒为喜,他满意地说:"画得不错,看来你已经深刻地了解到自己的错误。好吧!这件事到此为止,我不会继续追究了。"

校长的做法,一是让学生认识到了错误,二是保护了学生的好奇心,三是给他一次学习的机会,一举三得。

多年后,麦克劳德成为著名的解剖生理学家,与人合作成功提取到了胰岛素,并因此获得了诺贝尔生理及医学奖。当他谈起自己的成功时,仍念念不忘校长的那次有意义的惩罚。

一次有意义的惩罚,可以帮助学生得到正确的教育,这体现出教学过程的深意。

教学过程不是单纯地传授文化科学知识,而是引导学生全面发展的过程。在这一过程中,引导学生获取知识、理解知识、进行实践活动,并且巩固知识,是必备的四个步骤。

获取知识,可以引导学生通过观察、操作、实验等方式丰富想象力,有目的地迅速获取知识。在这个步骤,引起求知欲、感知教材是教育重点。诱发和激起求知欲,做好学习的心理准备,产生求知的内在动力,才会积极地感知教材,主动理解书本知识。

理解知识,是引导学生从感性认知到理性认知转化的阶段。理解,就是揭示事物之间的内在联系,并学会独立地利用所学知识探索新知识,发展创造性思维,不断形成和发展认知结构。

实践是教学过程的重要步骤,包括作业、实验、实习,以及美术、音乐和体育活动等。透过这些活动,可以拓展知识、技能和技巧,逐步达到独立作业的能力。

任何知识或者实践活动,都离不开系统的检查和巩固。检查和巩固可以帮助学生学会自我检查和纠正错误,并能够利用记忆来巩固知识、技能和技巧。

上述四个步骤并非完全独立存在,也不见得每节课都要重复使用。总归一句话,它们不是呆板的公式,在教学过程中应该互相渗透、互相促进,灵活应用,可以从认知到实践,也可以从实践到认知。

小知识

蔡元培(1868~1940),著名的教育家、政治家,中华民国首任教育总长。1916年至1927年任北京大学校长,革新北大,开"学术"与"自由"之风;1920年至1930年,同时兼任中法大学校长。

三、教学要讲究方法
——开启教育成功的钥匙

"GOOD MORNING"的回应，抨击注入式教育的缺点

注入式教学法，俗称填鸭式教学法，指的是教师在教学中，不结合学生学习认知过程的客观规律以及他们的理解能力和知识水平，主观地将现成的知识结论生硬地灌输给学生的教学法。

阿东是一个土生土长的农民，在自家的一亩三分地上耕种劳作，从来没有出过远门。经过大半生的累积，他攒下了一些钱，觉得有必要享受一次了。这时，不少亲朋好友劝他："现在有很多旅行社组团出国旅游，你也去开开眼界吧！"阿东思来想去，认为这是一个不错的建议，于是报名参加了一个出国旅游团。

来到陌生的异国他乡，一切都是新鲜刺激的，阿东真是兴奋极了。更让他高兴的是，自己参加的是豪华团，随团的旅游者全部被安排住进了一家高档饭店。阿东第一次一个人住在标准客房，看什么都新奇有趣。

早上，阿东还没有洗漱完毕，服务员就敲门送早餐来了，还大声说着"Good morning"。阿东当即愣住了，他不知道服务员说的是什么。不过还好，他情急之下想起在自己的家乡，陌生人相见时大多会问一句："您贵姓？"于是他朝着服务员大声回答道："我叫阿东。"

接下来几天，服务员天天说一句"Good morning"，阿东也照例回答一声"我叫阿东"。尽管他每次都做了回答，但是心里却逐渐产生不满："这个服务员怎么这么笨！天天问我叫什么，我都告诉他好几次了，他还是记不住，真是烦人！"他忍不住把这件事告诉了导游，并问他如何应付服务员。导游一听，知道他误会了，赶紧向他解释"Good morning"的意思，并教他如何与服务员打招呼。

阿东听了之后，觉得十分丢人，立刻开始练习说"Good morning"这句话，以便能体面地应对服务员。

第二天早上，服务员照例敲响了阿东的房门。阿东打开房门，冲着服务员大声说道："Good morning."

服务员立即回答道："我叫阿东！"

这则幽默故事让我们看到生硬、机械交流的后果，这非常类似教学过程中的注入式教学法。注入式教学法，完全由教师主观决定教学过程，强迫学生死记硬背，严重阻碍了学生的智力发展以及独立学习能力的提高。

"GOOD MORNING"的回应，抨击注入式教育的缺点

由于对教学过程缺乏科学认知，在中国封建社会和西欧中世纪，注入式教学法曾经在学校中占据统治地位。随着科学的发展，先进的教育家们发现了注入式教学法的缺点，并进行探索，逐步明了教学过程中的几种必然联系。

第一，学生学习知识，是学习间接经验，必须以个人的直接经验为基础。如果忽视直接经验的累积，只是简单地、生硬地灌输书本知识，效果自然好不到哪里去。

第二，教学过程是启发学生智力的过程，智力的发展基于知识，知识的掌握又基于智力，两者互相促进。注入式教学法片面强调知识，不注重开发学生智力，无法引导学生自觉地掌握知识、运用知识。

第三，提高学生的思想认知，也是教学工作的重点。思想提升离不开知识的培养，合理地引导学生对所学知识产生积极态度，可以提升他们的思想认知，并且同时推动学习积极性。注入式教学不从学生的心理需求出发，强迫性地灌输知识，很难让学生们积极地去学习。

第四，教学过程是由教师和学生共同完成的，发挥教师的主导作用，是学生简捷有效地学习、发展身心的必要条件；调动学生的主动性，是教师进行有效教学的主要因素。如果忽视任何一方的作用，都会导致教学工作出现偏差。

注入式教学法违背上述几种关系，已经无法适应现代教学工作。尤其是现代教学强调发挥学生学习的主体作用，特别注重创造性思维培养和实践能力，因此，注入式教学法已经逐步失去市场，不能满足培养现代人才的需要。

中世纪修士在阅读和整理经典著作

小知识

马君武(1881~1940)，中国近代学者、教育家和政治活动家，广西大学的创建人。他与蔡元培同享盛名，有"北蔡南马"之誉。

三、教学要讲究方法——开启教育成功的钥匙

苏格拉底问答问出典型的启发式教育

启发式教学法，就是根据教学目的、内容、学生的知识水平和知识规律，运用各种教学方法，采用启发诱导法传授知识、培养能力，使学生积极主动地学习，以促进身心发展。

苏格拉底是西方哲学的奠基者，他以传授知识为生，从三十岁左右开始，就做了一名不取报酬、不设学馆的道德教师。当时，无数富人家和穷人家的孩子都喜欢聚集在他身边，向他学习、请教。然而，苏格拉底却说："我只知道自己一无所知。"

大约公元前399年，苏格拉底因"不敬国家所奉的神，并且宣传其他的新神，败坏青年和反对民主"等罪名，被判处死刑。在收监期间，他拒绝了朋友和学生要他乞求赦免和外出逃亡的建议，饮下毒酒自杀而死

苏格拉底传授知识的方式十分特别，他大部分时间都在室外度过。市场、街头、运动场等公众场合，是他与人谈论问题的主要地点。在这些地方，他们谈论战争、政治、艺术和伦理道德等。到四十岁时，他已经成为雅典远近闻名的人物。

苏格拉底经常与人辩论，他总是采取问答的方式纠正对方的错误观念，帮助对方产生新的思想。苏格拉底善于从个别抽象的问题中找出普遍的东西，然后通过

讥讽、助产术、归纳和定义四个步骤,与人辩论。"讥讽"是一个不断追问的过程,最后使对方陷入自相矛盾的境地,承认对问题认知不足;"助产术"指的是让对方抛弃原来的错误观念,寻找正确、普遍的东西,也就是帮助真理问世;"归纳"是从个别事物中找出共同性,并且寻找一般规律;"定义"则是指把单一的概念归到一般中去。

问答的辩论方式也是苏格拉底教学的主要方式。他从来不给学生现成的答案,而是以反问、反驳的方法让学生在不知不觉中接受新的思想和观念。

有一次,一位学生问苏格拉底:"请问什么是善行?"

苏格拉底说道:"偷窃、欺骗、贩卖奴隶,你说这几种行为是善行还是恶行?"

学生回答:"当然是恶行。"

苏格拉底不动声色地继续说:"那么欺骗敌人是恶行吗?把俘虏来的敌人当成奴隶是恶行吗?"

"这……"学生老实地说,"这是善行。"当时,将敌人卖做奴隶被视为是正确的行为。学生接着说:"我说的是朋友,而不是敌人。"

苏格拉底立刻反问一句:"你的意思是,偷窃对朋友来说是恶行。那么我问你,如果朋友准备自杀,你偷了他的自杀工具并藏起来,这是恶行吗?"

学生想了想说:"这是善行。"

苏格拉底还在启发学生:"你说欺骗朋友是恶行,可是在战争时统帅为了鼓舞士气,会假称援军就要到了,实际上并无援军,你说这种欺骗是恶行吗?"

学生说:"不,这是善行。"

经过这种再三地反问和启发,苏格拉底让学生主动地去分析和思考问题。这种方法被称之为"苏格拉底问答法"。

苏格拉底问答法,是启发式教学的一个重要表现形式。启发式教学,要求教师合理地引导学生,最后把知识转化为能力。也就是说,教师的工作是让学生爱学习、会学习,引发学生强烈的求知欲望。中国古代大教育家孔子说"不愤不启,不悱不启",就是这个意思。翻译成白话就是,学生如果不经过思考并有所体会,想表达却又表达不出来时,教师就不去开导他;学生没有经过冥思苦想,而又想不通时,也不要去启发他。这说明对老师来讲,应该想办法让学生积极思考,然后进行适时启发。

在现代实践中,启发式教学需要做到以下三点:

一、教学目标要设计,才能激发学习兴趣。

教学目标是什么?不是活动结果的预见,而是学习的目的。事实证明,如果学生没有强烈的求知欲望,即使掌握了很多知识和技术,也很难实现有价值的创新行为。所以,教学目标的设计,一定要以学生为主体,激发他们积极参与的主动性。

三、教学要讲究方法——开启教育成功的钥匙

二、授课模式要科学,培养学生创新能力。

教师的工作是"授之以渔",而不是"授之以鱼",在教学中引导学生学习解决问题的方法,提供让学生直接参与的氛围,可以开发他们的主观能动性和创新能力,让学生有成就感。

三、根据学生的不同情况,设计不同的教学模式,"因人而异",也是启发式教学的一种体现。

小知识

梅贻琦(1889~1962),中国著名教育家。1931年,梅贻琦出任清华校长,自此后一直到他在台湾去世,一直服务于清华,因此被誉为清华的"终生校长"。在他的领导下,清华在十年之间从一所颇有名气但无学术地位的学校,一跃而跻身于国内明星大学之列。

和尚打井打出新行为主义教育

20世纪心理学家史金纳提出新行为主义学习理论,强调重复某种行为的重要性,并设计了程序教学方案,主要有以下原则:积极反应,分小步按顺序实时响应学生的每个反应,鼓励学生按照自己的速度学习,无错误地学习。

在两座相邻的山上,分别有一座寺庙。这两座庙都很小,每座庙里只有一个和尚。每天清早,他们各自走出自己的寺庙,挑着水桶来到山下的小溪边。这里只有一条小溪,是他们的共有水源。

一来二去,两个和尚因为挑水逐渐熟络起来。

时光如梭,转眼间五年过去了。

忽然有一天,东边山上的和尚来挑水时,没有见到西边山上的和尚,他很疑惑:"怎么回事?难道睡过头了?"

谁知第二天,东边山上的和尚来到小溪边,还是没有见到西边山上的和尚。他等了半个时辰,依然不见对方身影,只好挑着水桶怏怏而归。

第三天、第四天……一个月了,西边山上的和尚始终没有露面。东边山上的和尚坐不住了,他想:"我的朋友一定是病了,这么多天没见他挑水,不知道怎样度日。我要去看望他,看看能帮上什么忙。"

东边山上的和尚越过小溪,爬上西山,来到西山的庙里。当他见到自己的朋友时,不由得大吃一惊,因为他正在诵经念佛,看起来身体硬朗,没有一点生病的迹象。这真是太出人意料了,他忙上前问道:"你这么多天不去挑水,是如何度日的?难道你不喝水也没事吗?"

西边山上的和尚见到朋友探望自己,十分高兴,连忙拉着他来到后院里,指着地上的一口井说:"朋友,也许我早该告诉你。这五年来,我每天做完功课后,都会抽出时间挖这口井。虽然每天只能挖一点点,可是时间久了,终于挖出水来了,所以我再也不必下山挑水了。"

出乎意料的结局,源于西山和尚五年来持续不断的行为——打井。每天进步一点点,最终挖出一口水井,解决了饮水问题。在现代教育中,20世纪心理学家伯尔赫斯·史金纳提出的新行为主义学习理论,也强调重复某种行为的重要性。他做过一个著名的实验:将鸽子放在箱子内,里面设置一个键。当鸽子啄键时,食物就会掉进来,供鸽子食用。结果几天后,鸽子学会并强化了啄键的行为。根据试验

三、教学要讲究方法——开启教育成功的钥匙

结果,史金纳总结出"操作性条件反射"的概念,并提出了强化理论。

强化理论认为,经由强化物可以增强某种行为。如鸽子啄键得到食物,就是一个强化过程。史金纳指出,强化分为积极和消极两种,表现在教学中,教师的赞许、点头是积极的;而教师的否定、皱眉是消极的。这两种强化都会影响反应再发生的可能性。从这一点出发,他进一步指出惩罚是一种消极强化,对被惩罚者和惩罚者都是不利的。经过实验证明,惩罚可以暂时降低反应率,而不能消退过程中反应的总次数。这一研究,对改变当时盛行的体罚教育起到了积极作用。

在传统的教学中,教师以分数控制学生的学习及各种行为表现,具有强大的权力,他们不但不会总是以肯定、积极的行为强化刺激学生学习,反而还很容易惩罚学生。比如学生写错了字,教师会让他反复抄写很多遍。这种做法效果如何呢?往往只能暂时降低错误率。如果教师不惩罚学生,而是在学生写对某个字时,给予表扬,则能加强学生对该词汇的正确反应率。

根据史金纳的理论,学习是一种行为,当主体学习时反应率增强,不学习时反应率则下降。所以学习是一门科学,是循序渐进的过程。而教学是一门艺术,是把学生与知识结合起来的艺术。教师的工作是安排可能强化的事件促进学习,起着监督或者中间人的作用。史金纳反对传统班级教学,并设计了程序教学方案,主要有以下五条原则。

一、积极反应:传统教学主要是教师讲、学生听,学生被动消极,没有机会做出积极反应。程序教学以问题形式呈现知识,让学生在学习过程中透过选择、比较、运算等积极反应,提高学习效率。

二、分小步按顺序:程序教学的教材分成若干小的、有逻辑顺序的单元,逐渐增加难度,然后合成程序。这一程序的基本过程是:显示问题→学生解答→确认回答→进展到第二小步……如此循序前进,直到最后一步,完成一个程序。

三、实时响应学生的每个反应:对学生的反应响应越快,强化效果越明显,这种方式可以提高学生学习信心。

四、鼓励学生按照自己的速度学习:由于每个学生在学习上存在差距,传统教学按照统一进度进行,难以顾及到个别差异,影响学生自由发展。所以程序教学认为应该以学生为中心,选择适合自己的速度学习。

五、无错误地学习:程序教学的教材由浅入深,学生每次都可以做出正确反应,这样错误率就会降低。这种在错误发生前主动避免的方法,可以激发学习积极性,提高效率。

塌鼻子男孩渴望人本主义的教育

人本主义教育特指20世纪六七十年代盛行于美国的一种教育思潮。此教育思潮强调人的潜能的发展和自我实现,主张教育是为了培养心理健康、具有创造性的人,并使每个学生达到自己能力所及的最佳状态。

有一个小男孩非常不幸,生来是个塌鼻子,然而祸不单行,到了两岁时他又得了脑膜炎,智力受到一定损伤。因此,小男孩上学后,学习起来很吃力,比如写作文,一般孩子能写到两三百字,他只能勉强写一句话。

可是让老师吃惊的是,即便这个小男孩每次只能写几行字,可是他写出来的作文,却十分动人。

有一次,老师让学生们以"愿望"为题写篇文章。小男孩立刻认真地写起来,他写了好久,不过交上去后,老师看到依然是篇极短的文章,只有区区三句话。文章是这样写的:我有两个愿望,第一是妈妈每天笑眯眯地看着我说:"你真聪明。"第二是老师每天笑眯眯看着我说:"你一点也不笨。"

这篇短短的文章深深地打动了老师,她不仅给了小男孩最高分,还深情地在全班同学面前进行朗读,并且给出了这样的评语:"你很聪明,作文写得很感人,请放心,你妈妈一定会喜欢你的,老师也非常喜欢你,所有人都会喜欢你的。"

这则故事透露出人本主义的教育观念。人本主义教育观,是以马斯洛和罗哲斯为代表的教育改革家提出的,包括三方面含意:

一、就教育目标而言,教育的目的是为了培养积极愉快、适应时代发展需求的心理健康的人。人本主义教育重视人性培养,关注教育对儿童培养独立人格的作用。简而言之,人本主义教育观强调以自我为核心,强调人的自我实现。

二、就教学论思想、方法而言,人本主义教育主张意义学习。首先,它认为人天生具有好奇心和求知欲;其次,让学生认识到学习内容和目的之间的联系后,学习效果会更好;第三,如果较大程度改变学生的自我结构,会对他们产生精神威胁,如考试前复习;第四,学生积极参与学习过程,可以很好地促进学习;最后,主动地、全神贯注地自发学习,效果会更持久和深入。

三、就师生关系而言,人本主义教育观重视教师的态度以及师生互相作用的心理气氛。人本主义教育观认为,在教学过程中,教师和学生都是主体,而非主体和客体的关系,所以师生关系是平等的,具体表现为真诚、认可、移情。

三、教学要讲究方法——开启教育成功的钥匙

教师应该充分信任学生,真诚地对待他们,相信他们可以发展自己的潜能;尊重学生的个人经验,不要忽视他们的感情和意见;教师必须做到表里如一,能够深入了解学生的内心世界,为学生着想。

如果教师能够以上述素质处理师生关系,就能免除学生精神上的压力和挫折,让学生自我实现的动机得到表现的机会。

我们看到,人本主义教育观极大地冲击了传统教育。由于人本主义教育观强调和重视学生自我实现的能力,主张顺应学生的兴趣、需要、经验和个别差异,便能够开发学生潜能,起到激发学生认知和促进师生情感的相互作用。

不过,我们也要看到,人本主义教育观过分强调人本质的自然性,进而会忽视人本质的社会性,而且过度强调学生的中心地位,会影响到教育与教学的效能;同时,如果一味满足学生个人自发的兴趣和爱好,也不可避免地会降低社会与教育的力量。

小知识

约翰·哥特利勃·费希特(1762～1814),德国18世纪末、19世纪初著名的主观唯心主义哲学家和教育家。他认为教育的目的是使整个人类都成为完全的人,而培养国民的爱国心是教育的第一要务。主要著作有《自然法权基础》、《伦理学体系》、《论人的使命》、《对德意志民族的演讲》。

懒朋友发现稀有花卉，是蒙田遵循自然法则的教学实例

自然教育的法则主张遵循儿童天性和身心自由发展，从生活和实践中切身体验，从感官获得知识。在教学过程中，采用实物教学和直观教学的方法，反对抽象地死啃书本。

有一个人因为厌弃世俗生活的喧嚣，决定做隐士，生活在山林里。他是个非常勤劳的人，每年春天，当门口台阶上的野草刚刚露出头时，他都会仔细地清除掉，让自己的陋室看起来简洁整齐。

有一年，这位勤劳的隐士准备出远门。临行前，他找来一位朋友帮忙看守庭院。朋友是个懒惰的家伙，自从住进隐士的家中，他除了吃饭就是睡觉，根本不去清理野草。时间一长，门口的野草长高了。

到了暮春时节，门口的一株不知名的植物开花了。这是一朵五瓣小花，虽然其貌不扬，但是散发着阵阵幽香。朋友被花香吸引了，忍不住多看了这朵花一眼，这一看让他发现了问题，原来这朵花形状很像兰花，但不同的是花边为蜡黄色，难道这是兰花的一个新品种？怀着好奇心，朋友摘下了几片叶子和花朵，去请教植物专家。专家见到这朵小花，立即兴奋地说："这是一个稀有的兰花品种蜡兰，太难得了！很多人费尽心思都找不到它。"

朋友惊喜地瞪大了眼睛："蜡兰？你说这是蜡兰？！"他知道蜡兰极其珍贵，十分少见。

当隐士回到家中，听说朋友发现蜡兰的事后，十分感慨地说："这株蜡兰每年春天都会在我的门前发芽，只不过刚刚露出头就被我拔掉了。如果我有耐心，能够遵循自然生长的法则，等待一段时日，早在几年前就会发现它。"

违背自然规律，难以发现新的珍贵物种，这一现象在教育学中非常常见。欧洲文艺复兴时期，法国教育家蒙田针对当时流行的狭隘的人文主义教育，进行了大胆批判。他指责以学究气的书本知识填塞儿童记忆，是违背儿童智力发育的。

蒙田关心贵族儿童的教育，认为适当的教育应该是在导师指导下进行的，导师的任务不是灌输知识，而是陶冶儿童的情感，让他们成为忠诚于国王的臣民和绅士。

三、教学要讲究方法——开启教育成功的钥匙

针对极端形式主义的教学方法,蒙田提出了很多有价值的意见。他认为教师不应只一味地贯灌输给儿童知识,而应当根据儿童的能力进行教学。在教学过程中,教师不能一个人站着讲话,而要给学生说话的机会,让学生能理解所学知识的意义和实质。

蒙田画像

蒙田还强调,儿童汲取一切东西,都要谨慎,不能过分轻信权威。他认为简单地跟着别人走不去探索,是寻找不到什么的。在他看来,"培养儿童完美的判断能力"是学习和教育的唯一目的,"最好的办法莫过于培养对学问的兴趣和爱好,否则我们将只是教育一些满载书籍的傻子"。

蒙田的教育观念对洛克和卢梭影响深远,在他们努力下,创造出自然教育法则。在现代教育中,自然法则的作用不容忽视,主要有两点值得注意:

第一,自然教育法则可以有效地避免成人与儿童之间心理上的冲突,缓和矛盾。在传统教育中,成人总是扮演"监督"的角色,对儿童颐指气使,将儿童放在被动的位置上,导致双方关系紧张。遵循自然法则,让儿童明白成人不是干涉者,而是关心、爱护自己的人,会使双方关系密切。

第二,促进儿童自我教育,培养他们学习的积极性和自律意识。儿童如果做错了某件事,比如忘记带午餐盒,成人不去批评指责,而是让他自己承担后果,即让他饿肚子,那么他会明白为了避免再次发生这样的事,应该如何去做。中国古代教育家推崇的"慎独",也就是这个意思。

小知识:

傅斯年(1896~1950),历史学家,学术领导人,五四运动学生领袖之一。曾任北京大学代理校长,"国立"台湾大学校长。他提出的"上穷碧落下黄泉,动手动脚找东西"的教育原则影响深远。

爱乐园中萌生的游戏和实物教学法

泛爱主义教育宣扬泛爱思想和人道主义，认为教育的目的在于培养幸福、健康、对社会有用和能促进人类幸福的人，主张由国家管理和监督学校教育，以摆脱教会的控制和教派斗争的影响。

巴西多是泛爱学校的主创者，泛爱主义教育的主要代表人物。说起他的教育事业，也许与其幼年时代的经历有关。巴西多出生在德国汉堡，在父亲无情的打骂下长大。幼小的他实在不明白，父亲为何总是打骂他，好像他是一件不该存在的多余物品。除了父亲的打骂，巴西多还要忍受一件事，那就是死板的宗教教育。

终于，少年巴西多忍无可忍了，他离家出走，来到霍尔斯坦，为一位医生做仆人。这位医生了解到巴西多的情况后，耐心地劝说他，把他送回汉堡。不久后，巴西多入读文科中学，在这里他接触到了卢梭的《爱弥儿》，从此自然教育思想深深植入巴西多的思想意识之中，成为他教育事业的指路明灯。

之后，巴西多大学毕业，在霍尔斯坦的一位贵族家中做家庭教师，辅导一名十岁的孩子。巴西多有幸第一次实践了卢梭的自然教育思想，他以此为指南，采用自由游戏和实物教学法，结果这名孩子的学识得到飞速进步，相当于文科毕业生的水平。

这件事情立即引起轰动，巴西多因此得到德国贵族推崇，进而名扬德国。几年后，年仅二十八岁的巴西多根据自己的教学经验，撰写了《教学法》一书，凭此获得硕士学位，并且受聘于丹麦索勒文科中学，成为一名正式的教师。

在教师职位上，巴西多极力宣扬自己的教育思想，并发表了大量文章，抨击落后的教育，提倡泛爱教育。然而旧势力给予他无情打击，将他赶出了学校。

巴西多无法宣扬教育思想，只好将精力集中到教学改革和编写教材上。1768年，

三、教学要讲究方法——开启教育成功的钥匙

他发表《为学校、学科及其对于公众福利之影响,敬向志士仁人呼吁书》,得到新兴势力支持,康德、歌德等人给予他大力赞助。

1774年,巴西多又发表《父母、教师用书》,书中配有一百多幅插图,是一本成功的初级课本。同年,巴西多创建了一所新型、示范性的学校,命名为泛爱学校,也称为"一视同仁"学校。

泛爱主义教育是德国18世纪末、19世纪初出现的资产阶级反封建的启蒙教育运动,以学习和移植卢梭思想为宗旨,代表人物有巴西多、康德等。他们反对压制儿童的经院教育,主张儿童自由发展,创办了以户外活动和游戏为主要课程的泛爱学校,此举推广到德国各地,形成了运动。

追崇自由游戏和实物教育,体现出巴西多先进的教育观念。在教育过程中,游戏和实物教育可以激发孩子的兴趣,延长他们的注意力,是非常有效、非常受欢迎的教育方法。

游戏教学,顾名思义,就是透过和孩子一起玩耍、做游戏,传授给孩子某种技能或者某些知识。比如扮家家酒的游戏,能让孩子了解家庭角色、认识厨房用具等。

实物教学,是指利用实物或者经由实地观察,刺激孩子的感官能力,加强他们对事物的认知。比如教师把水果放在桌子上,让学生从看、摸、尝等方式来认识这些水果。

小知识

王守仁(1472~1529),字伯安,号阳明子,世称阳明先生,故又称王阳明。他是我国古代著名的哲学家、教育家、政治家和军事家,陆王心学之集大成者,非但精通儒家、佛家、道家,而且能够统军征战,是我国历史上罕见的全能大儒。

庖丁解牛解出赫尔巴特的四段教学法

赫尔巴特提出的四段教学法,认为在教学中必须引起学生的注意和兴趣,在原有观念基础上掌握新的观念。教师可以采用叙述教学法、分析教学法和综合教学法等,使学生在学习过程中,因专心而达到"明了"和"联想",因审思而达到"系统"和"方法"。

一天,文惠君大摆筵宴,宴请当时的许多贵族名流到府上做客。为了准备宴席,文惠君派人请来一位叫庖丁的屠夫,请他宰杀肥牛。

庖丁熟练地绑缚牛,用手按住,用肩膀靠着,用脚踩着,用膝盖顶着,所有的动作都显得恰当自如。当他把屠刀插入牛的身体后,只听得皮肉与筋骨剥离开来,声音清脆,与他的动作配合绝妙,和谐一致。

在旁观看的文惠君看到这一切,不禁目瞪口呆,他觉得庖丁宰牛时的动作仿佛踏着商汤时代的乐曲《桑林》起舞一般,分解牛的肉体时的声音与尧乐《经首》又十分合拍。

于是,文惠君忍不住大加赞叹:"真是不得了啊!你宰牛的技巧太高超了!怎么会有这么高超的技术呢?"

庖丁听到问话,放下屠刀回答:"我这个人做事情喜欢探究规律,我觉得这比一般的技术、技巧更为重要。在我一开始学习宰牛时,并不了解牛的身体构造,只看到一头庞然大物,感觉无处下手。

"等我有了三年的宰牛经历,完全了解了牛的构造,这时我眼里的牛,已不是一头整牛,而是许多具体的器官。后来随着我宰牛数量增多,我不用眼睛去看,也能清楚地知道,在什么地方下刀、什么地方不能下刀。我用心灵去感触牛,娴熟地按照牛的身体构造,把刀刺入筋骨相连的空隙处,这些地方不会损伤屠刀,可以轻松地分解开牛。

"一般来说,高明的厨师每年都要换一次刀,更多的厨师因为用刀去砍骨头,一个月就要换一把刀,因为我从不硬碰牛的骨头,所以您看我的刀用了十九年了,还像刚磨过的一样锋利。

"即便如此,在遇到筋骨交错的地方时,我还是十分小心,放慢动作,轻轻使力,

三、教学要讲究方法——开启教育成功的钥匙

仔细寻找关键部位，然后一刀下去就能把牛剖开。这时健壮庞大的牛就像泥土般摊在地上。等我一刀结束了工作，我会擦拭屠刀，把它放回刀鞘之中，以备后用。"

庖丁解牛，在于掌握了事物的规律，所以得心应手。近代德国著名教育家赫尔巴特也有同样的认知，他认为不管学什么，在接受新事物时，必须遵循一条明显的思维主线，就是"明了—联想—系统—方法"，这一过程就是著名的四段教学法。

"明了"，指的是了解新出现的个别事物，相当于"新问题"，这是教学工作的第一步。教师为了使学生明了个别事物，必须放慢速度，尽量将问题分解成小步骤，而且讲解尽量明了、准确、详细，注意与儿童互动，可以采取提示教学，比如演示、挂图等。这一过程的重点是吸引学生的注意力，使学生集中精神。

"联想"，是指将新事物与经验观念中的原有事物联系起来，相当于针对"新问题"提出的某种"假设"。从"明了"到"联想"的心理活动过程，强调"专心"二字。在这个阶段，新旧之间的关联处于模糊状态，学生的心理表现为期待，希望获得某种结果。教师可以采用分析教学，与学生透过自由交流，使新旧知识产生结合。

"系统"，指的是经过"联想"后，新旧观念、知识产生了联系，却还不够系统，这时教师应该指导学生进行深入思考和理解，寻求结论和规律。相当于针对"假设"进一步检查，明确新旧事物的恰当位置。这个过程是静止的审思活动，学生的心理特征是探究。教师可以采用综合教学，经由比对联系，形成某种概念、定义等。

"方法"，即应用，或是练习实践等，比如作业、实习，是指经过重复推广应用，进一步验证原来假想的关系。学生在类似的情景中进行应用，可以对新知识进一步理解、提升和抽象。这是一个深思的过程，表现为动态的审思活动。教师可以采用练习法，指导学生练习、作业，将学到的新知识应用于实际，发展逻辑思维的技能。

以上分析可以看出，"明了—联想"是专心的过程和延续，"系统—方法"是审思

活动，所以赫尔巴特认为，教学的步骤是从专心到审思的过程。

后来，赫尔巴特的四段教学法，经过他的学生齐勒发展为预备、提示、比较、总括、应用，后称为五段教学法。五段教学法影响深远，直到今天，很多学校依然采取这个方法进行教学工作。

小知识

约翰·杜威(1859~1952)，美国著名哲学家、教育家，实用主义哲学的创始人之一，功能心理学的先驱，美国进步主义教育运动的代表。他批判了传统的学校教育，并就教育本质提出了他的基本观点："教育即生活"和"学校即社会"。主要教育著作有《我的教育信条》《学校和社会》《儿童与课程》《民主主义与教育》《经验与教育》和《人的问题》等。

三、教学要讲究方法——开启教育成功的钥匙

演说家昆体良注重讲授法

讲授法，指的是教师运用口头语言，有系统地向学生传授知识、培养能力、进行思想教育的方法，这是最古老的教学方法，也是应用最广、最普通的教学方法。

昆体良是古罗马时期著名的教育家，皇室委任的第一个修辞学教授。荣获这一职位，昆体良当之无愧，因为他在雄辩术方面造诣深厚，在教学上成就卓越。

公元35年，昆体良出生在西班牙的一个美丽小镇上，当时西班牙是古罗马属地，云集着来自各地的文学家、哲学家和雄辩士。昆体良的父亲也是一名优秀的雄辩士，在这样的环境下成长，他自然接受了良好的教育以及雄辩术的精髓。

昆体良三十岁时，已经是声名赫赫的雄辩士了，这时，罗马帝国设立了由国家支付薪资的雄辩术讲座，委派昆体良为第一位教师。从此，昆体良不仅是一名雄辩士，还成为一位教育者。在这职位上，他工作了二十年。

由于出色的雄辩能力，昆体良常常受邀作为辩护人，承担律师的重任，为当事人分忧解难。理论与实践的结合，让昆体良累积了丰富而实用的雄辩术经验，成为最负盛名的雄辩术教师。

当昆体良退休后，朋友马斯路斯请求他写一本关于雄辩术的书。但昆体良婉言拒绝了，他说："之前希腊已有许多杰出作家研究过这方面的问题，我没有资格班门弄斧。"

马斯路斯当即反驳他："前人是撰写了不少雄辩术著作，可是他们的意见很不一致，有些还互相矛盾，导致后人无法从这些矛盾中做出正确选择，所以现在赋予你这样的使命是合理的。哪怕你不能有所独创，也应该将以前的观点进行整理，做出明确恰当的判断。"

昆体良被说服了，于是在接下来的两年时间里，他谢绝一切应酬，将所有时间用来查阅数据、阅读有关著作，奋笔疾书，终于完成了六十五万字的巨著《雄辩术原理》。

这部著作没有因袭前人窠臼，进行了大量创新，有许多昆体良自己独特的见解。尽管如此，他并没有打算立即出版，而是想在创作热情冷却之后，进行细致修改。可是马斯路斯等人等不及了，他们一再催促昆体良交稿。

公元96年，昆体良不得不同意了朋友们的请求，将书稿交给了负责出版的人。在交出书稿时，他附带了一封信，信中诚恳地说："这部书还不够成熟……我本打算等到热情冷静之后，以一个不带偏见的读者的身份对它进行修改，但是你既然如此迫切地要

求出版……请记住,我相信你会谨慎行事,让这部书尽可能正确地与公众见面。"

既是演说家,又是教师,在昆体良身上充分体现出讲授法的特色。

讲授法的基本形式很简单,教师讲、学生听,这一方法可以分为讲述、讲读和讲解三种方式。

讲述,是教师叙述、描绘事物和现象,向学生传授知识,进行教育。

讲解,是教师运用解释、说明、论证、公式、原理等,向学生传授知识,进行教育。

讲读,是教师运用教材一边读一边讲,向学生传授知识,进行教育。在实际教学活动中,往往三种方式穿插结合使用,并要求做到以下几点:

古代雅典教育

一、教师的观点与教材要统一,讲授的内容具有科学性和思想性。

二、语言应该准确、清晰、通俗易懂、简练、生动,符合学生的理解能力和他们的接受水平。

三、教师应该全面而有系统地了解教材,并能突出重点和难点,抓住关键部分。

四、一定要贯彻启发式教学精神,注意教导学生们听讲的方法,让他们能够听懂教师的意思。

五、与其他教学法配合,比如采用电化教学等。

讲授法作为最古老的教学方法,具有很多优点,比如可以使学生在短时间内获得大量系统科学知识,灵活性大、适应性强等。然而,讲授法也有一定局限性,由于学生缺乏直接实践和实时响应的机会,势必影响到学习积极性,无法启发思维和想象,进而形成注入式教学。

小知识

西塞罗(前106~前43),古罗马杰出的散文作家和政治活动家,对于古代罗马的教育有着重要贡献。他是雄辩术教育的积极倡导者,所著的《雄辩术》一书,是古代有关雄辩教育的最重要的著作之一。

三、教学要讲究方法——开启教育成功的钥匙

怀疑论文是否抄袭的老师，忽略了谈话法

谈话法是教师在学生已有知识经验的基础上，借助启发性问题，透过口头问答方式，引导学生进行比较、分析、判断等思维活动，进而获取新知识、巩固旧知识的方法。

赵先生是美国一位大学教授，最近遇到一件颇感为难的事情。他的一名学生提交了一篇学期论文，作为期末考试的作业。他翻来覆去地阅读这篇论文，感觉这篇论文不仅风格清新，而且创意无限，让人无法相信这是一位在校大学生所写。

赵先生不由自主地想："这是不是抄来的？"为了搞清楚论文是否抄袭，他到图书馆查阅最近的期刊、书籍，看看有没有类似的文章或者观点，可是忙了大半天也一无所获。该如何评判这篇论文呢？如果是抄袭的，当然不及格；如果不是抄袭的，那就太棒了。现在搞不清是否抄袭，赵先生也就难下断言，为此他只好向一位同事请教，想听听他的看法。

同事得知赵先生的困惑，十分惊讶："你不能查出学生的论文是抄袭的，就不能说他存在抄袭的行为。你要知道，你的学生没有义务证明自己的论文不是抄来的，这是罗马法的精神。文明与野蛮的区分，不就是这么细微的区别吗？这是常识问题，你却为此发愁，真是莫名其妙！"

赵先生听了这话，顿觉惭愧，反思之际不免想起自己少年时代的一次遭遇。当时他读小学，每星期都有作文课，语文老师喜欢把全班的作文排名次，然后当堂唱名发还。要是名次排在后面，当然会非常难堪。所幸赵先生喜欢作文，而且还很努力，所以每次发还作文时，他都是在前几名。

可是有一次，老师在发还作文时，迟迟没有念到赵先生的名字，直到最后一名，才是他。赵先生很纳闷，觉得自己这次作文十分出色，怎么会排在最后呢？于是下课后他忍不住去问老师。没想到老师生气地反问他："这篇作文根本不像你这样的小学生写的，一定是你抄来的吧！"赵先生大感吃惊，忙说："是我写的，不是抄的。"老师根本不信，自顾自地说："你没有能力写这么好，一定是抄的。如果不是抄的，那你拿出证明来！"赵先生无言以对，只好委屈地哭了一场，这件事也就不了了之。

老师没有经过与学生谈话，就武断地认为文章是抄袭的，这一做法违背谈话法教学原则。

谈话法是最古老的教学法之一，它的基本形式是，学生在教师引导下，经过独立思考进行学习。具体方式有启发式谈话法、再现谈话法、讲授谈话法三种。

启发式谈话法一般用于传授新知识，由教师根据教学目的提出一系列启发性问题，引导学生积极思考并做出正确回答。

再现谈话法一般用于巩固知识或者检查知识，教师根据学生学过的教材提出问题，学生通过回忆进行回答。

讲授谈话法一般用于讲授过程中或在学生活动过程中，有助于提高学生听讲的积极性，提高学习效率，及明确学习重点。

柏拉图和他的学生在阿卡德米学园

运用谈话法教学，需要注意几点：

一、教师提出的问题应该适合学生程度，具有启发性。

二、教师应该做好充分准备，谈话具有计划性。

三、教师提出问题时，表述方式应该通俗易懂，问题要明确，便于理解，问题有一定逻辑关联。

四、谈话可由学生发起，由学生向教师提出问题。

五、注意倾听学生的回答，不管回答正确与否，都要有明确的态度，形成积极的互动关系。

运用谈话法，可以较为有效地激发学生的主动思维，使学生独立思考，对开发智力有积极意义，而且能够锻炼和提高学生的语言表达能力。不过与讲授法相比，此方法完成同样的教学任务需要的时间较长，同时当面对的学生人数较多时，很难顾及每个人。所以在实践中，谈话法常常与讲授法配合使用。

小知识

巴班斯基(1927～1987)，前苏联很有影响力的教育家、教学论专家。他毕生致力于教育科学研究，代表作有《教学过程最优化——一般教学论方面》《教学、教育过程最优化——方法论基础》，以及他主编的《教育学》。

三、教学要讲究方法——开启教育成功的钥匙

智者回答问题答出讨论法意义

讨论法指的是在教师指导下,学生为了解决某个问题进行探讨,进而辨明是非真伪以获取知识的方法。

有一位智者,收了两个徒弟。

有一天,两个徒弟正在读书,忽然看到一只蜜蜂飞进屋里。蜜蜂嗡嗡地叫着,似乎发现飞错了地方,于是经过努力寻找后来到窗前。窗子上安装着透明的玻璃,可惜蜜蜂认不出来,却误以为这是突破口。只见蜜蜂一次次地朝着窗子冲锋,却一次次被无情的玻璃挡住,重重地摔下来。

两个徒弟静静观察着蜜蜂,其中一人忍不住说:"这真是一只蠢蜜蜂,明明知道这个方法行不通,却还要这么拼命,它这样做,即使用尽毕生力量也不可能成功。"他认为做任何事都不可强求,不能一意孤行,该放手时就放手。

另一个徒弟听了这话,立刻反驳说:"不对。这只蜜蜂十分勇敢顽强,它不屈不挠,失败了也不屈服。"他认为做人做事应该锲而不舍,勇往直前,百折不挠。

两人意见相左,不免争执起来,互不相让。

最后,他们谁也说服不了谁,只好来到老师的面前,请求智者做出裁判,评评谁对谁错。

智者听了徒弟们的争论,没有做出正面回答,而是拿出一张圆饼,交给徒弟们并说:"把这张饼从中切开,分成平均的两份。"

徒弟们依照智者的吩咐做了。智者笑着问:"你们说,这两块饼哪块好,哪块不好?"

徒弟们讶然,他们无法做出回答。

智者说:"你们只是各自看到了不同的方面,却没有看到完整的东西。这正是形式上的差异,掩盖了事物的本质啊!"

经过讨论,两位徒弟对问题有了深入的认知,这一故事反映出了讨论法的意义。

讨论法可以激发学生的主动性和积极性,培养他们独立思考和口头表达的能力,促使他们灵活地运用知识。

运用讨论法教学,学生需要具备一定的基础知识和理解能力,所以此方法多用于高年级。进行讨论时,有几点需要注意:

智者回答问题答出讨论法意义

一、讨论的问题一定要具有吸引力。

二、在讨论中,教师要善于对学生进行启发引导。

三、讨论结束后,应该做好总结。

在现代教育中,运用讨论法必须做好以下几方面:

首先,选择好讨论主题。选择讨论主题,可以从效度、难度、新颖度和热度几方面考虑。讨论主题要难易适中,具有新颖度,受学生关注。

其次,把握好讨论时机。一般时机出现在教师备案时和学生提出问题时。

第三,训练讨论技能。讨论中要求学生应该具备思维、口头表达和交际三种能力。所以,经常讨论,让学生喜欢讨论,可以使他们的各种技能得到有意识地训练和提高。

第四,讨论有一定程序。一般分为三步:第一步是交流观点,每个人说出对问题的看法;第二步是提出意见,每个人对其他人的观点是否接受,提出改进意见,彼此完善对方的看法;第三步是总结观点,达成比较一致的看法。

最后,当讨论有了结果后,应该好好使用这个结果,让其返回教学流程,成为重要的资源要素,并鼓励学生进一步发挥、探究。

描绘中国古代科举考试的图

小知识:

韩愈(768~824),唐朝文学家、思想家、教育学家,又称昌黎先生。他将学校教育作为统治人民的重要工具,主张把教育与刑罚并列起来。在教学方法上提出"业精于勤,荒于嬉;行成于思,毁于随"的主张,另外也十分重视"因材施教"的教学原则。他教育思想的精华在关于教师问题的论述,反对"耻学于师"。其主要的教育思想集中表现在《师说》、《进学解》、《子产不毁乡校颂》及《潮州请置乡校牒》等文章中。

三、教学要讲究方法——开启教育成功的钥匙

井底之蛙看不到更广阔的天空，提醒我们重视参观法

参观法，是教师根据教学目标和需要，带领学生到校外进行实地观察、研究自然现象和社会现象，进而使学生获取新知识，或验证已学过的知识的一种教学方法。

有只青蛙从小生活在一口废弃的井里，它只知道井底这块小地方，只能看见井口上方一块小小的天空，从来不知道井外的世界有多么宽广。

某天，当它在井底玩耍时，一只从东海来的海龟出现在井口。青蛙看见海龟，忍不住夸口说："朋友，你瞧瞧我生活在这里多么快乐啊！高兴了，可以自由跳跃；累了，我可以放松地休息；想要游泳，井底的水很充足，能够淹过我的四肢，浸过我的下巴，让我全身泡在水里。至于散步，也是很方便的，在软绵绵的泥浆里蹚来蹚去，很舒服啊！我是这里的主人，现在我热烈地欢迎你这位客人，也来我的地盘玩玩，参观参观，欣赏一下井底的空间。"

海龟听了这番言论，不由得动了心，真想下去看看，可是它的左脚还没有全部跨进去，右脚就已经被井口绊住了。海龟连忙后退两步，站稳脚跟后，对着井底的青蛙说："先生，你见过大海吗？大海广大无边，何止千万里；大海纵深无底，何止百千丈。夏禹时，十年有九年水灾，大海的水也不见增多；商汤时，八年有七年干旱，海水也不见少。永恒的大海，不会随着时间的长短而改变，

夏禹王像

102

不会因为雨量多少而涨落。住在宽广如斯的大海里,才是真正的逍遥快乐啊!"

青蛙听了这话,惊讶地瞪大眼睛,什么话也不敢说了。

只拘囿于井底,便看不到更广阔的天空,这个故事反映出参观法在教学中的作用。参观法的基本形式是,学生在教师指导下获得直接经验。

参观法有三种表现方式:准备性参观,适用于学习某种知识前;并行性参观,适用于学习某种知识过程中;总结性参观,适用于学习某种知识后。

运用参观法教学,一般需要注意以下几点:

一、教师应该事先到参观地实地考察,了解各种情况,并做出计划。另外,教师还要做好参观动员工作,使学生明白参观目的、要求和任务等。比如参观时需要收集哪些数据、注意事项等。

二、在参观时,教师应该关注和引导学生,像是提出一些启发性问题、提示某些细节等,锻炼学生的能力,以免学生走马看花,达不到参观目的。

三、参观后,教师要帮助学生进行总结,例如绘制图表、撰写参观心得等,使感性认知上升到理性认知。

参观法可以丰富学生的感性,开阔视野,使教学与实际生活联系起来,并能让学生受到实际教育,因此在小学教学中被广为运用。在现代教学中,参观法包括参观书画摄影展览、历史文物、名胜古迹、自然风光、动物花卉等,进行参观时,教师一定要注意严格组织纪律,不能放任自流。

小知识

保罗·孟禄(1869~1947),美国教育家、教育史学家。著有《希腊、罗马时期的教育史资料》、《教育史教科书》、《教育百科全书》、《中等教育原理》等,其中以《教育史教科书》最为著名。

三、教学要讲究方法——开启教育成功的钥匙

让弟子踩着背翻墙入室的老禅师，充分发挥演示法作用

演示法，是一种有着悠久历史的教学法，指的是教师以陈示实物、教材，进行示范性实验，或者通过现代化教学手法，让学生获得知识的教学法。

禅院里生活着一位德高望重的老禅师，慕名前来向他拜师学习的弟子非常多。老禅师悉心教导他们，传授经文佛法和做人做事的道理。

有一天夜里，老禅师读完经书后，难以入眠，就到禅院里散步。此时，月光如纱，笼罩着高大的松柏和一间间低矮的禅房。老禅师走着走着，不知不觉来到院墙边，他意外发现墙根下立着一张椅子。

老禅师立即明白了，肯定是哪位弟子违反寺规，趁着夜色翻墙外出去了。他没有声张，而是静静地走到墙边，把椅子挪开，他自己则就地蹲下，一动也不动。

老禅师静静地蹲着，不到半个时辰，墙外果然传来一阵响动。接着，一位年轻和尚翻墙而入，朦胧中他踩着老禅师的背，跳进了院子。当他的双脚落地时，发觉有些不对，于是赶紧仔细查看，这才明白原来自己踩的不是椅子，而是师父。他吓坏了，惊慌失措地不知道说什么才好，只好呆呆地站着，等候师父责骂和处罚。

然而，老禅师并没有厉声厉色地斥责，而是平静地说了一句："夜深了，天气凉，赶紧去多穿一件衣服，不要冻坏了。"

老禅师让弟子踩着自己的背翻墙而入，以自身为例，去感化和教育弟子，这是一种演示法教学的表现。

在宋朝，有个叫王唯一的医学家撰写《铜人腧

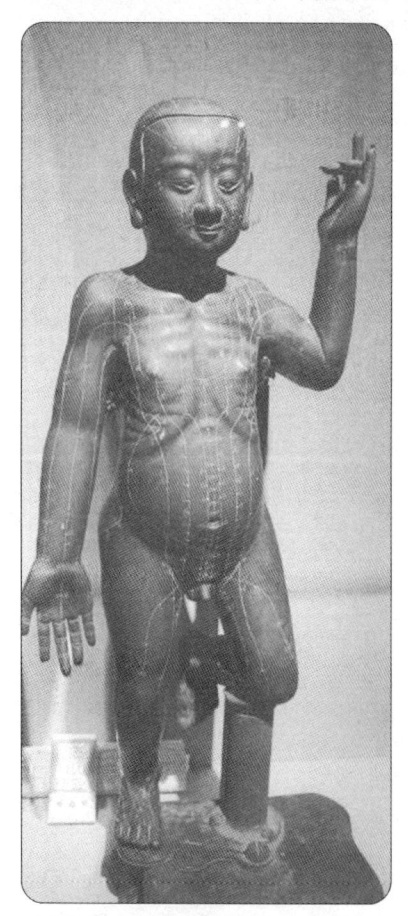

明朝针灸穴位铜人

104

穴针灸图经》一书，并铸造铜人模型，在上面刻示经络腧穴位置，还绘制了十二经图。这是医学史上典型的演示法教学。17世纪，捷克教育家夸美纽斯用皮制的人体模型在教学中进行演示，后来，瑞士教育家裴斯泰洛齐又用算术箱演示教学。

随着现代科学和技术发展，演示教学的手法和种类越来越多。根据演示材料不同，可以分为实物、标本、模型演示，实验演示，图片、图画、地图演示，影片、教学电影演示等。根据演示内容和要求不同，可以分为事物现象演示、呈现事物内部情况及变化过程的演示。

运用演示法教学，需要掌握一定要求。

一、演示应该有明确的目标，符合教学的需要和学生的实际情况。

二、演示的对象应该清晰明了，使学生能明确地感知。

三、演示过程中，教师要适当地引导学生观察，使学生集中注意力，清楚地认识演示对象的主要特征、主要方面或者事物的发展过程。

四、应该适时地陈示。

五、进行演示时，最好结合讲解和谈话，使演示与书本知识密切结合。演示法可以提高学生的学习兴趣，提升他们的观察能力和抽象思维能力，进而减少学习过程中遇到的困难。

小知识

威廉·巴格莱(1874~1946)，美国教育家，要素主义教育流派的主要代表。他曾提出了一个纲领，名为《要素主义者促进美国教育的纲领》，阐述了要素主义教育思想的基本原则。主要教育著作有《教育过程》、《教育的价值》、《教育与新人》等。

三、教学要讲究方法——开启教育成功的钥匙

宋人学偷不成因为不能体会陶冶法深意

陶冶法,也叫"情感陶冶",是指有意识地创造设置一种良好的情景,使受教育者置身其中,潜移默化地受到影响,进而培养品德的方法。

古时候,齐国有一位富翁,姓国,是当地首富。宋国有个姓向的人,家里特别穷,听说齐国首富的事后,十分羡慕,不远千里赶来向他学习致富的诀窍。

姓国的富翁告诉姓向的穷人说:"我能发迹,在于我擅长偷窃。经由这种方法,一年就能满足日常需求,两年就能生活富足,三年就可以获得大丰收了。从此以后,我开始对乡里邻居们广泛施舍,救济贫苦人。"

姓向的人听了,非常高兴,急忙赶回家中,开始按照富翁传授的秘笈致富。可是他只记住了"偷窃"二字,却不知道"偷窃"的具体含意是什么。于是,他准备了绳索凿锯,穿墙破室,只要是能看见的、能摸到的东西都偷走。

姓向的人连续偷窃了两次,都没有被人发现,因此他更加得意,认为自己学到了致富的真正精髓。然而,第三次行窃时,好运气再也不肯光顾他,他被当场捉住,并被送进大牢。而且官府还查抄了他的家产,把他前两次偷的东西,以及祖辈遗产全部没收。

姓向的人觉得很委屈,认为姓国的富翁骗了自己,所以他出狱后第一件事就是赶往齐国,找国富翁评理。国富翁并没有发火,而是问他:"你是如何盗窃致富的?"姓向的人一五一十说了自己的经历。国富翁听了,大为惊讶地说:"哎呀,你怎么能如此错误地理解我说的'偷窃'之法呢?现在你好好听我说说偷窃之法的真正含意。天有春、夏、秋、冬,地有土壤肥力,我偷窃的正是天时和地利,按照季节变化和雨水多寡,春种秋收,根据土地肥沃程度,布谷施种。这样我的禾

106

苗可以更快速地成长,庄稼能够获得最大丰收。依靠劳动收入,不但可以满足衣食所需,还有了建筑房屋的材料。再者,陆地上的飞禽走兽,水里的鱼鳖虾蟹,都是可以'偷窃'得来的。这些大自然的产物,哪里是我个人所有?可是偷窃自然之物却不违法,就不会有灾祸。而你,不从自然中'偷窃',却盯上了别人的金玉珍宝、谷物绸缎,这是别人辛勤劳动所得,你不劳而获,当然会违犯法令,会被判罪。所以你不能怨恨我啊!"

宋人无法体会"偷窃"的真实含意,自然不能学习到发迹致富的真本领。这个故事让我们看到陶冶法在教学中的作用和意义。

陶冶法是德育方法之一,包括三种方式:人格感化、环境陶冶和艺术陶冶。运用这种方法,需要注意的事项如下:

一、教育者不能过多地说教,而要运用各式各样的积极情境,使受教育者耳濡目染,自然地受到熏陶。

二、教育者要付出爱心,并能以身作则,这是陶冶法的重要诱因。

三、发挥陶冶法的作用,首先要注意环境对人的影响,因此在现代教育中,良好的班风、学风,严谨的班集体,都会诱导学生养成热爱学习、勤于动脑的好习惯;整洁优美的环境,能够起到振奋精神、积极向上的作用。

四、在陶冶法教学中,还要注意典型人物的影响。比如教师的人品、情绪,对学生的影响巨大。

五、进行陶冶法教学,应该善于有目的、有计划地设置各种有意义的情境和活动。例如借助音乐、戏剧、电影、舞蹈等文学艺术的感染,陶冶学生的思想品德。

小知识

桑代克(1874~1949),美国心理学家,动物心理学的开创者,心理学联结主义的建立者和教育心理学体系的创始人。他提出了一系列学习的定律,包括练习律和效果律等。主要著作有《动物智慧》、《教育心理学》等。

三、教学要讲究方法——开启教育成功的钥匙

国学大师屈万里质问
最勤奋的学生问出评价法

评价法,就是通过评价,对学生在日常学习过程中的表现、取得的成绩,以及各种情感、态度的发展,做出一定认知和总结。

屈万里先生是我国著名的国学大师,他年轻时曾经担任山东省图书馆馆长。抗日战争期间,为了保护国家财产,他冒着生命危险,护送馆内金石器物七百三十四件,珍贵字画一百七十一件,善本古籍四百三十八种,从山东济南辗转到达川西乐山,历经坎坷,屈先生后来把这段经历写成《载书漂流记》一文,堪称中国图书馆史上的重要文献。

屈先生对《周易》及先秦文化具有独特的兴趣和研究,著作等身,影响了台湾的几代学人。在台湾大学中文系任教多年,屈先生弟子满门,桃李遍天下。七十大寿时,弟子们送他一幅寿联:"七十人生开始日,三千弟子晋呼嵩。"

屈先生教学严谨细密,要求学生"大处着眼,小处着手",善于发掘问题。在研究问题时,他注重证据,要求学生能够充分熟悉研究对象,掌握第一手资料。

在教学过程中,屈先生还启发学生们要善于思考。有一段时间,一位特别勤奋的学生引起大家注意。每天早晨五点钟这位学生就到图书馆读书写作,中午吃完饭接着读书,一直到晚上十点钟才回寝室。同学们都很羡慕他,老师们也都夸他勤奋好学,可是屈先生却不这么认为。一天,他主动找到这位学生问他:"你每天都是几点钟去图书馆的?"

"清晨五点。"学生回答。

"那么你中午休息多长时间?"屈先生又问。

"不休息。"学生很坚定地说。

"晚上几点休息呢?"先生接着问。

"十点钟。"学生看起来很得意,也许他觉得先生会表扬他。

"可是,"屈先生忽然语气一转,"你这样做,又有多少时间用来思考呢?"

"这……"学生无言以对,顿时明白了自己做法的错误所在。

屈万里先生提醒学生善于思考,善于反思,体现出评价法在教育学中的地位。在学习过程中,评价法是不可缺少的。它具有很多优点,比如能够激励学生学习,帮助他们有效调控自己的学习过程;还可以让学生获得成就感,进而增强信心;亦

国学大师屈万里质问最勤奋的学生问出评价法

能够激发学生的合作精神。

评价是一种反思的过程,因此对学生日常学习中做了什么、能做什么做好记录,可以反映学生的进步情况,使学生在学习中得到激励。在教学过程中,教师可以结合实际情况,利用各种形式鼓励学生开展自我评价、同学间互相评价、教师评价等活动。比如采取游戏方式、制作表格等。

在日常教学活动中,"鼓励评价法"是很常用的一种方法。这种方法的基本形式是学生在学习中,教师善于对其进行赞扬和鼓励。通过鼓励评价,可以激发学生的内在潜能,尤其是自信心不足的学生,推动作用更为明显,进而使学生形成持续性、发展性能力。

鼓励评价,可以使用语言和体态两种方式进行。教师用语言对学生鼓励评价,一定要发自真心,尊重每位学生,这样才能创造出赞赏性、生动性的鼓励语言。这类语言传达到学生的耳中,能提高学生的学习热情,而且还会增进师生感情,满足学生的成就感。这就是德国教育家第斯多惠说的:"教学的艺术不在于传授本领,而在于激励、唤醒和鼓舞。"

屈万里夫妇1966年于普林斯顿大学

体态鼓励评价,指的是采用某种奖励措施,例如根据表现画星星、戴小红花等具现化荣誉激励,使学生得到充分的自我肯定,以及心理上的满足,这样他们在学习时就会表现出轻松、乐观的良好情绪。

总之,积极的评价可以满足学生自尊的需要,使他们的性格潜能得到更好地发掘和表现。

小知识

铃木镇一(1898~1998),日本著名的小提琴家、音乐教育家,曾担任日本才能教育研究会会长。他的教育理念引发了世界范围的教育革命,"铃木教学法"已被推广到全世界,成为世界著名的四大音乐教学法之一,被认为是最符合人类学习原理的幼儿教育法。

109

三、教学要讲究方法——开启教育成功的钥匙

邯郸学步学成爬行动物，在于不懂练习法

练习法，是学生在教师指导下，依靠自觉的控制和校正，反复地完成一定动作或者活动，进而形成某种技能、技巧或行为习惯的教学法。

春秋时期，燕国寿陵有一位少年，家中生活富足，衣食无忧。加上他本人长相出众，也是一位翩翩佳公子，照理说本该幸福快乐地过日子。可是这位帅哥有个缺点——缺乏自信，经常无缘无故觉得自己不如别人。在他眼里，衣服是人家的好，爹娘是人家的亲，甚至，为了赶时髦，追时尚，他还喜欢模仿别人，有点像现今的追星族。

有一天，这位少年在街上走路，无意中听到几个人说说笑笑，他们在议论一个非常时髦的话题：邯郸人的走路姿态。邯郸是赵国国都，是当时各诸侯国中最发达的地区，人文、经济都很先进。少年听了这么一句，不由得心动了，赶紧上前几步想探听明白。不料，那几个人看见他，忽然一阵大笑后扬长而去。

少年很不是滋味，他早就觉得当地人走路难看，现在有人说邯郸人走路好看，那么为何不去一探究竟呢？有了这样的想法，他在家中就待不下去了，瞒着家人偷偷跑到邯郸学习走路。

来到邯郸后，少年大开眼界，只见繁华的大街上，人人走路的姿势真的都很优雅，举手投足间，显出很高贵的风度。寿陵少年真是自惭形秽，连忙跟在邯郸人后面，一步一步地模仿起来。

可是学了几天，寿陵少年却觉得越走越别扭，他想，一定是自己原来的走路恶习太深了，如果不能彻底抛弃原来的步法，肯定学不好新姿势。于是他决定从头学起，每迈出一步都要经过仔细思考，如何摆手、扭腰，完全按照邯郸人的样子做。为了学习走路，他废寝忘食，夜以继日，没想到，学了不到半个月，不但没有学好邯郸人的姿势，反而把自己原来走路的样子也忘了。

邯郸学步石雕像

这时,寿陵少年身上的盘缠花光了,也不会走路了,只好爬着回家。

没有掌握正确的练习法,寿陵少年没有学会优雅的走路姿势,反而忘记了本来走路的样子。这个故事就是告诉我们,练习法在教育学中的作用。

练习,可以刺激神经系统,形成一定动力,保证某种活动顺利、成功完成。因此练习法对于巩固知识、将知识应用于实践、提高能力和道德品格等,都有重要意义,适用于各种学科,特别是工具性学科,如语文、数学、外语,以及技能性学科,如体育、美术、音乐等。

在教学实践中,练习法一般有三种形式:心智技能练习,如阅读、写作练习;动作技能练习,如体育、劳动操作;行为习惯练习,如礼貌习惯、卫生习惯等。不管哪种练习,练习过程大致有三个阶段,开始阶段进步较慢,随着练习增多,进步变快,达到一定程度后,进步又逐渐停滞。在教学中,教师应该根据不同阶段,做出有计划、有步骤地教学活动。

运用练习法时,也有具体要求:

一、目标和要求应该明确。练习不是简单机械地重复,需要有目的、有步骤地进行。因此练习时,学生根据练习计划,需要了解每次练习的具体目标和要求,以求循序渐进,自觉练习。

二、练习材料应该精心挑选。根据练习目标和要求选择材料,加强基本技能训练。在练习过程中,采用多种方式,如典型练习、变式练习等,使学生能够举一反三,提高实际操作和创造能力。

三、练习方法一定要正确。不管哪种练习,学生都应该积极投入。开始练习前,教师一定要进行讲解和示范,使学生清楚地了解练习的方法和实际动作,然后进行有效练习。练习时,应该先求正确,然后再追求熟练。教师可以适当变换练习的花样,提高学生的兴趣和练习效果。

四、练习的次数、时间和分量要适当分配。练习不是越多越好,应该根据学科性质、材料和年龄差别,进行适当分配。一般来说,适当分散练习比过度集中练习效果更好;练习开始阶段,次数可以适当多些,但练习时间不要过长;随着练习深入,可以适当延长时间,减少练习次数。

五、练习结果要进行认知和总结。每次练习后,都要检查,看看哪些方面有成效、哪些方面有缺陷等。根据具体情况做出取舍,或者进行校正性练习。

三、教学要讲究方法——开启教育成功的钥匙

圆圈测试测出实验教学法

实验法,是指学生在教师指导下,运用仪器设备进行独立操作后,观察和研究操作引起的现象及其过程,进而获取知识的教学法。

有一位老人特别热衷于进行各式各样的测试,某天,他突然想起了一个十分有趣的测试,这个测试不仅内容十分新颖,结果也是发人深省的。

老人测试所进行的内容其实很简单,就仅仅只是一个圆圈而已,但是测试的对象十分广泛,包括小学生、中学生、大学生和机关干部。在一个教室里,老人用粉笔画了一个最简单、最普通的圆圈,然后邀请测试对象结合这个圆圈回答他所提出来的问题。

首先,到教室里接受测试的是一年级的学生,小朋友们看到了圆圈以后的反应都不一样,当老人问孩子们黑板上画的是个什么东西的时候,有一个小朋友说:"这是一个句号。"接着又有一个小朋友反驳他说:"这是一个烧饼。"其他的小朋友都争先恐后地回答,有的说是一轮明月,有的说是一个乒乓球。

第二批接受测试的是一群中学生,老人根据学习成绩将他们分成了好几个不同的组,分别是成绩好的、成绩中等的和成绩差的。老人问他们黑板上是什么,一个学业成绩很好的同学回答说:"这是一个零。"另一个学业成绩不好的学生回答说:"这是一个英文字母'O'。"

接着进行测试的是大学生。一群大学生走进了这间教室,他们不屑地看了一眼黑板上的东西,没有人认为这就是今天所要测试的内容。当老人向他们提问的时候,每一个人都觉得这个问题十分不可思议,这么简单的问题他们都认为根本没有必要去回答。

最后接受测试的对象是机关干部,他们在工作人员的带领下走进了教室,每个人的身后都有自己的随从或秘书。他们一边喝水一边听着老人讲述今天测试的内容,得知了内容之后,干部们都很淡定,他们思考了许久才开始发言,就见一位干部站起来颇具威严地回答说:"我觉得这个问题需要进行一下社会调查,才能得出一个正确的结论。"

同样的圆圈,不同的结果,造成此现象的原因来自各方面,这里我们要说的是,圆圈测试作为一个实验,体现出实验法在教学过程中的作用和意义。

实验法的基本形式是在教师指导下,学生独立自主地学习。它具有很多优点,

学生亲自操作,实现从感性认知到理性认知的过渡,学习过程较为完整,可以锻炼学生的观察、独立思考和动手能力。同时,实验操作还可以培养学生求实、探究的科学态度和精神,以及热爱科学的情感。另外,实验操作往往需要合作完成,还能锻炼学生的合作能力和合作精神。

所以,"自主、探究、合作"是实验教学法的基本特点,其核心思想是以问题为起点,围绕实验过程和方法这个轴心展开教学,让学生主动建构自己的知识与技能,提升态度与价值观。这个过程是学生思考、探究在先,教师讲解和分析在后。在具体实施过程中,教师需要注意以下几点:

一、教师应该做好准备工作。由教师提供问题目标或者任务,学生以此为基点进行自主地探究实验。准备工作还包括向学生交代实验内容、步骤、使用仪器方法等,确保学生明白无误。

二、教师不能先入为主,不要提前讲解或预习教材资料。实验过程要求学生独立自主思考,主动地探究问题,可以猜想、想象,或者靠直觉,总之是努力形成各自的实验设计方案。

三、在学生思维受阻或遇到某些困难时,教师可以创设新问题情景,帮助、引导和激励学生。如何判断学生的困惑呢?教师可以从学生的体态语言、画的图、写下的语词中进行判断,并且提供新的问题情景。如提供实验器材使用说明书,使学生更好地选择和利用实验器材。

需要特别注意的是,教师介入实验过程一定要把握好时机,过早介入会剥夺学生自主发现问题、解决问题的机会;太迟介入又容易使学生在困难面前产生畏惧情绪,失去探究的兴趣。把握时机引导学生进行实验,切忌不要轻易告诉学生现成的方案和结论。

四、应该根据教学计划安排实验,必要时,教师可以与学生合作,以学生的身份发表个人的实验设计,提前让学生了解仪器设备,阅读相关内容等。这种做法可以为学生创造比较、对照和反省的机会。

五、鼓励学生质疑,或展开讨论,还要帮助他们互相进行合作。实验结束后,要根据具体情况进行总结,比如写成简单的报告、口头汇报等。

一般而言,掌握了上述几个环节,学生的实验操作就会比较顺利地完成。在实验过程中,学生是否提出了深刻的问题,是评价实验教学质量的标准之一。当学生提出的问题有可能转化为探究性学习课题时,教师要鼓励他们继续钻研。

三、教学要讲究方法——开启教育成功的钥匙

耳聋少女受益于赏识教育法

赏识教育的特点是注重孩子的优点和长处,逐步将这些优点和长处扩大,使孩子产生"我是好孩子"的心态。这个做法与抱怨教育相比,是人性化、人文化的表现,是素质教育的形式之一,可以实现自身和谐发展,家庭和睦相处,团队和谐进步。

有位十分不幸的女孩,一出生就被老天夺走了"听"的权利。失去听力的她一直活在自己的世界里,因为听不到声音,她不知道怎样才能跟别人进行交流。幸亏,这位女孩的父亲非常爱她,并用一种特殊的教育方法拯救了她。

由于没有听的能力,女孩特别沉迷于"看"东西,父亲注意到这一点,很早就开始教她识字。学会了许多字之后,父亲发现女儿特别喜欢读书,几乎到了如痴如醉的地步,在她五六岁的时候,女孩就经常因为看书入迷而忘了吃饭和睡觉。也许一般的家长会对孩子的这种行为表示反对,甚至进行制止,而女孩的父亲不但没有责备她,反而鼓励地说:"天才孩子成长的第一步,就是看书看到废寝忘食的地步。女儿,你已经踏出了天才的第一步,你还会继续走下去的。"有了父亲的鼓励,女孩深信自己就是天才中的一员,对以后的生活充满了信心。

父亲为了进一步增强女儿的自信心,又对她说:"你觉得你能不能成为世界上第一个会背圆周率小数点后一千位的孩子呢?这对你来说可是一个十分艰难的任务,敢不敢挑战一下?"

女儿瞪大了眼睛看着父亲,然后郑重地回答说:"好!我接受挑战。"从此以后,父亲每天都帮助女儿背诵圆周率的数字,为了便于记忆,他还把这些数字编成了一个一个的小故事。一开始,女孩每天背二十几位数字,渐渐地,每天能够背出来一百多位数字,不到一个月,这位女孩创造了奇迹:她成功地背下圆周率小数点后的一千位阿拉伯数字。

就这样,女孩成为了一个神话。在女儿成功的那一刻,父亲激动地说:"女儿,你太了不起了,你成功地做了一件一般人都做不到的事情,爸爸为你感到骄傲!"在父亲的赏识和赞扬下,女孩更加努力地学习和生活,后来她考上了大学,并留学美国。女孩的父亲也因为其独特的教育方法,成为远近驰名的人物。

这位了不起的父亲名叫周弘,他将自己的教育方法总结为"赏识教育法",并进行大力推广。如今,这一方法已经成为了世界著名的六大教育方法之一。

耳聋少女受益于赏识教育法

这则故事让我们看到赏识在教育中的巨大作用。日本有位著名的儿童小提琴教育家曾发现,儿童在学习说话、走路的阶段,是进步最快的时期,因为这个阶段父母总是用最欣赏、最得意的目光关注孩子,不会抱怨和嘲笑。只有鼓励和赞赏,所以幼小的孩子能够克服一切困难,去学会说话和走路。这个案例说明,赏识教育是非常有效的。

既然赏识教育如此重要,那么教育者是不是就要千方百计地夸奖孩子、表扬孩子呢?事实并不是这么简单,赏识教育不等于赞美加表扬。例如在课堂上,老师让学生们做十题数学题,有的学生全做对了,有的学生只做对了一两题。这时如果老师一味地表扬学生,哪怕只做对了一题的学生,老师也对他说:"你真棒,这么难的题目都能做对。"想想后果会怎么样呢?刚开始这些学生不会觉得怎样,可是久而久之,学生们会产生"做对做错都一样"的心理,优秀的学生会失去自豪感,后进生也感觉不到激励作用。所以,一旦"赏识"变成一种习惯性语言或奖品,就会变得乏味,失去效能。

实际上,在现代社会中,过度地夸奖和奖励孩子是常见的,家长往往会无限制地满足孩子,不管是物质上还是言语上,对孩子百依百顺,过分宠爱,总认为自己的孩子是最好的、最正确的。这样做的结果是,孩子们不但无法感受到真正的鼓励,还会变得自私自利、放任不羁,认为自己无所不能,缺乏合作精神和责任心。

可见,一味地"赏识",孩子会变本加厉。那么如何做到正确地"赏识",或者说怎样才是真正的"赏识","赏识教育"有哪些原则和具体的操作方法呢?

一般认为,赏识教育应该把握六大原则:信任、尊重、理解、激励、宽容、提醒。在这些原则指导下,具体操作起来还要注意以下几点:

一、因人而异去赏识。每个孩子都不一样,赏识也要做到因人而异,并且关注到孩子每个进步的细节上。有的孩子勇敢,有的孩子沉稳,有的孩子细心,等等。赏识可以是话语上的,也可以是体态上的,比如欣赏的眼神,或者拍拍肩膀、竖起拇指等。

二、注意奖惩结合。如果一味赏识,不给半点批评,即便孩子做错了事也姑息

三、教学要讲究方法——开启教育成功的钥匙

迁就,会让孩子养成任性、骄气的性格,缺乏坚韧的品格。每个人的成长都需要磨难,古语说"严师出高徒",没有经历磨难的孩子,很难铸就刚强的性格,无法适应未来的生存。

所以,赏识不是简单的表扬,其根本目的在于培养孩子自信和坚强的品格。想要达到这个目的,鼓励和批评就要互相并用,让孩子明白失败不可怕,要勇于承担责任,做一个负责任的人。

三、必须放眼未来,眼光长远。"十年树木,百年树人",教育是长期工程,不要指望孩子一两个月就会发生多大变化、进步多么明显,每个孩子都有潜力,我们应该承认差异,允许失败,坚信每个孩子都会成功。只有这样,才会使孩子人格完善,个性得到张扬,成功走好人生的每一步。

小知识

伊拉斯谟(约1466~1536),文艺复兴时期尼德兰(今荷兰和比利时)人文主义思想家、教育学家。他主张在教学中采用直观教材,"事物先于文学";反对棍棒教育,要求把表扬和批评适当结合起来。晚年,他还注意女子教育。教育著作有《论正确的教学》、《基督之子的教育》等。

帕克的进步教育运动，
促生昆西教学法

1875年至1880年，帕克担任马萨诸塞州昆西市教育局长期间，领导和主持了昆西学校实验，创立昆西教学法。同时提出了教育的基本原则：教育要使学校适应儿童，而不是使儿童适应学校。

帕克是美国著名教育家，被称为"进步教育之父"。他创立了昆西教学法，其教育改革思想被认为是美国教育史的新起点，为教育学的发展作出了重大的贡献。帕克的教育学理论和教育学方法，强调儿童是教学活动的中心，认为一切精神、道德的活动都有赖于儿童自我活动。这一思想直接影响了教育家杜威，成为杜威教育思想的重要泉源。

帕克的教育学思想，体现在他对学校日常教育活动的管理中。

有一天，帕克当着众人的面，将学校里的教科书丢进垃圾桶里，老师们都很诧异，不知道他要做什么。有一位老师忍不住低声问他："先生，你是要放弃你最钟爱的教育事业吗？"

帕克听了，回答说："怎么可能？我只是有一些新的教学想法而已，我觉得教育不能仅仅拘泥于教科书，教科书都是死的，但是学生和老师都是活的，应该根据时代和学生的特点进行教学。"

老师们听了他的话，似懂非懂，只好摇摇头，转身离开了。

慢慢地，老师们都熟悉了帕克的教学法。帕克虽然身为教育局长，但亲自承担教学工作。他与其他老师不同，上课的时候他不会带着教科书去给同学们讲述，而是带着最新的报纸和杂志，以及自己设计的教育数据。他向同学们讲述世界各地最近的新闻，讲完之后，他会让同学们轮流起来发言，发表一下对这些时事的看法以及解决某些问题的方法。

到了上生物课的时候，很多老师都是在学校里向同学们讲解课本上的一些植物，而帕克却带着同学们去附近的山上采集一些植物的标本，观察自然界的各种植物和动物。这样的观察让同学们对一些基本知识印象更加深刻，也让同学们能够近距离接近大自然，了解大自然。

在课堂上，帕克还要求同学们根据兴趣爱好，分成不同的小组进行学习、讨论

三、教学要讲究方法——开启教育成功的钥匙

和活动,鼓励他们互相之间进行交流。

有些学校的领导阶层并不能理解帕克的做法,也不能容忍其他老师效仿这种做法,不免与帕克产生一些冲突。然而事实证明,帕克的教育理念对学生的全面发展十分有益,在他指导下,学生们在各方面都表现优良,素质得到提高。

由帕克创立的昆西教学法,是针对当时教育的形式主义倾向,进行教育革新实验的结果。帕克汲取了教育家裴斯泰洛齐、福禄贝尔等人的某些观点,提出了教育的基本原则:教育要使学校适应儿童,而不是使儿童适应学校。在教育革新过程中,他大胆地进行了多项改革措施:

一、教学过程以儿童为中心,安排各种适合儿童的活动。

二、注重实践型的课程,比如测量、绘画、劳动等,并强调各学科的相互关联。

三、反对机械背诵,注重课外观察和实验,强调理解。

四、取消教科书,用报纸、杂志或者时代性强的读物代替课本。

这些具体而激进的措施,有力地刺激了当时的教育观念和方法,使得昆西教学法名声大振,并掀起了一场轰轰烈烈的"昆西运动",也直接带动了美国进步教育,成为进步教育运动的先驱行动。

昆西教学法,又称昆西制度,从具体措施中我们发现它的主要特征如下:

第一,强调儿童的中心作用,认为儿童具有内在的能力,教师必须了解儿童的本性,根据本性提供相对的条件,满足他的需求。

第二,重视学校的社会功能,认为学校能够促进民主制度发展,是理想的家庭、小区和雏形的民主政治形式。

第三,主张学校课程与实践活动结合,唤起儿童学习的积极性和专注力,并且摒弃抽象、无意义的形式训练,注重各门学科统一,让学生获得整体知识。

第四,培养儿童自我探索和创造的精神,使学生养成探究、发现的习惯。

帕克说:"教师的伟大工作是指导学生发现真理。"在他去世后,他的弟子库克将他的思想与杜威的思想进行融合并付诸实践,进一步发展了"昆西教学法"。

小知识

伊曼努尔·康德(1724~1804),德国哲学家。他认为教育有多方面的任务,包括技能、体能、德行等,并把宗教教育当成德育的一部分,并且力图透过教育,实现自己的哲学思想,改造人类社会,著有《教育论》。

三颗糖的故事与孟禄的设计教学法

设计教学法,就是设想、创设一种问题的情景,让学生自己去计划、执行,进而解决问题的一种有目的、有计划、有实际活动的学习方式。

陶行知先生是我国教育学历史上一个重要的人物,他所取得的成就并不是偶然的。从小他就是一个聪明好学的孩子,在十几岁的时候就得到了私塾先生的赏识,得以免费去上课。

一个冬天的早晨,陶行知去私塾迟到了,看到老师已经开始讲课,他就没有进去,而是站在门外听讲。不一会儿,天上下起鹅毛大雪,此时天寒地冻,陶行知不为所动,硬是坚持着站在雪地里听完了一上午的课。

私塾先生讲完课时,发现了门外的陶行知,这时候的他已经冻得浑身哆嗦,嘴唇青紫,可是他却还在认真地写着什么。老师见此,不禁感动得落下了泪水。

陶行知长大后,成为了一名教师、一所学校的校长,由于为人清廉又很正直,所以不管是学生还是老师都十分尊敬他。

有一天,陶行知在校园里散步,看到令他震惊的一幕:学生李明正拿着砖块砸另一个同学。陶行知当即走过去制止了李明,并让他放学后去校长室见自己。

放学后,李明来到校长室前,低着头站在门口,局促不安地等着校长的到来。

不久,陶行知先生来了,他看到李明,显得十分高兴,伸手从口袋里掏出了一颗糖递给他,说:"你按照我的要求准时来到了这里,说明你很尊重我,这是给你的奖励。"

李明用诧异的眼光打量着陶行知,不知所措地接过了那一颗糖。

接着,陶行知又掏出了一颗糖递给李明,说:"我已经调查过了,那些被你砸的孩子是因为不遵守游戏的规则,欺负别人,你才砸他们的。你是一个正直而又善良的学生,有跟坏人抗争的勇气,所以再送你一颗糖。"

听了陶行知先生的话,李明惭愧地低下了头,说:"校长,他们都不是坏人,是我的同学,我错了,我不该砸他们,您还是惩罚我吧!"

陶行知先生笑了,然后说:"你能够明白自己的错误,说明你还是一个好学生,我还有最后一颗糖,也送给你。"

李明拿着陶行知先生送的三颗糖,若有所思地走出了校长室。

陶行知先生用三颗糖教育一位做错事的学生,这过程显然是先生事先设计好

119

三、教学要讲究方法——开启教育成功的钥匙

陶行知纪念馆

的。这种透过设计活动来进行的教学,就是设计教学法。根据不同标准,设计教学法有不同分类:按照学生的人数,可以分为个别设计、团体设计;依照学科范围,可以分为单科设计、合科设计、大单元设计;依照教材性质,又可分为建造设计、思考设计、欣赏设计、练习设计等。

设计教学法具有自身的特点,具体如下:

一、设计要有明确的目的。比如为了浇花制造洒水壶,这就是一个设计。

二、设计要有计划。每项活动都是在计划指导下进行的,所需材料、所用时间、步骤、方法,都要学生事先考虑、计划妥当,才能有条不紊地进行下去。如果学生不是自己制订计划,而是在教师安排下从事活动,就不是设计活动。

三、设计要在实际环境或者与实际情境相似的环境下进行。例如学习农作,要到农田里去。

四、注意手脑并用,锻炼能力。设计活动既需要动脑子想,也要动手去做,注重理论联系实际,因此在设计实行过程中,特别强调一面做一面想。

五、设计是一个完整的过程,不能片面强调某个单元或者某个科目。大单元设计活动,更是突破学科界限束缚,可以用到各科教材。

六、设计是自主的、自发的活动,教师始终处于指导地位,而学生必须自己决定目的、拟定计划、进行实行,并且做出评价。

以上分析可以看到,设计教学法体现了实用主义的教学过程及其理论。因为注重实际,有利于培养学习解决实际问题的能力,激发学生的学习兴趣,并能使学生获得解决问题的完整经验。不过设计教学法也存在一定问题,主要是浪费时间较多,还需要一定的物质条件。而且由于过于强调实际,不易使学生获得系统知识,难以全面发展,不易形成科学的世界观。

四、方法决定成败
——教育是人生的助推器

四、方法决定成败——教育是人生的助推器

未来的州长告诉人们什么是德育教育

广义的德育指所有有目的、有计划地对社会成员在政治、思想与道德等方面施加影响的活动。而狭义的德育专指学校德育。

在美国纽约,有一个声名狼藉的大沙头贫民窟,那里环境肮脏,充满暴力,生存条件恶劣,聚集着来自世界各地的偷渡者和流浪者。在这种环境下长大的孩子,从小受到不良影响,很难管教。罗杰·罗尔斯就是这样一个孩子,他在大沙头诺必塔小学读书,逃学、打架,对他来说是家常便饭,而且他还不时偷窃。

这天,罗杰·罗尔斯又从窗口跳进教室,当他旁若无人地伸着一双小手走向讲台时,校长皮尔·保罗先生正好走了进来,将他逮了个正着。

罗杰·罗尔斯并不害怕,他习惯了接受批评,所以一脸无所谓的表情,等候校长怒斥。然而出乎他的意料,皮尔·保罗校长没有怒声责骂他,反而看着他的双手,诚恳地说了一句话:"一看你修长的小手指,我就知道,将来你一定会成为纽约州的州长。"

罗杰·罗尔斯吓呆了,从小到大,除了祖母曾经说过一句让他振奋的话外,还从来没有人鼓励过他。祖母十分喜欢他,当其他人都在批评他,认为他一无是处时,祖母说:"孩子,你不要泄气,你以后会成为一名船长,你的船载重量有五吨呢!"在祖母眼里,五吨的船足够大了。

现在,罗杰·罗尔斯听到校长说出这样诚恳而激励人心的话,深深地被打动了。这时,校长又语重心长地与他交流,给予引导和鼓励。从此,罗杰·罗尔斯牢牢记住了校长的话,"纽约州长"就像一面旗帜,时刻在他的心中飘扬。罗杰·罗尔斯变了,他的衣服上不再沾满泥土,他的嘴里不再冒出肮脏的语言,他的一举一动不再拖沓散漫。他坚持以"州长"的标准要求自己,四十年从不间断,没有一刻放弃。

当罗杰·罗尔斯五十一岁时,校长的话应验了,他果然成为了纽约州的州长。

一句鼓励的话语创造了人生奇迹,这个故事即体现出德育的重要作用。德育是教育学中最主要的内容之一。从广义上讲,德育是指所有有目的、有计划地对社会成员在政治、思想和道德方面施加影响的活动,既包括学校德育、家庭德育,还包括小区德育、社会德育等。从狭义上讲,德育专指学校德育,是指教育者按照一定的社会或阶级要求,有目的、有计划、有系统地对受教育者施加思想、政治和道德等方面的影响,并通过受教育者积极的认识、体验与践行,使其形成一定社会与阶级所需要的品德的教育活动,即教育者有目的地培养受教育者品德的活动。

德育存在于各个社会中,是最普遍的教育现象。随着社会发展,现代德育出现几种新模式:

主体性德育模式。这种模式认为学生是道德教育的主体,应该尊重学生的主体地位和人格,培养他们的自主性和能动性。

活动德育模式。此模式注重道德行为锻炼,认为个体的活动既是德育目的,也是德育方法。

"学会关心"模式。这种模式以情感为核心,引导学生从原始地、自发地"关心"他人的感情,提升到理性地、自觉地"关心"。比如现代流行的感恩教育,就是这种模式的具体形式。

德育教育的内容十分广泛,在实施过程中必须遵循一定要求,这就是德育原则。诸如中小学德育原则如下:

一、理论与实践相结合原则,认为道德认知与实践同样重要,不可偏废,应该做到知行合一。

二、严格要求与尊重信任原则。对学生进行德育教育,一定要严格要求他们,达到既定目标;同时教师必须尊重和信任学生,在民主平等的基础上关心他们的成长,尊重他们的人格,切不可随意打击和猜忌学生。

《秋窗读书图》

三、统一要求与个性发展结合的原则。德育是为了让学生形成与社会发展方向一致的品德,因此教师必须保证所有学生的发展与此相适应。同时,教师也要尊重学生个性,针对个体差异,采取个性化的教育。

四、集体教育与个别教育并重原则。集体教育可以潜移默化地影响每个人,反过来个别教育又会加强和影响集体。故事中校长对罗杰·罗尔斯实施的就是个别教育。

五、学校教育与社会影响统一原则。学校教育在青少年成长过程中,起着举足轻重的作用,但是也不能忽视社会各方面影响,应该结合两者,培养学生良好的品德。

四、方法决定成败——教育是人生的助推器

打工仔感动外商，源于母亲的劳动教育

劳动教育是德育的内容之一，指的是教育者通过一定方法，使受教育者树立正确的劳动观和劳动态度，进而热爱劳动和劳动人民，养成劳动习惯的教育。

有一位生活在乡下的年轻人，追随进城打工的潮流也来到陌生的城市中，在一家公司做了名工读生。年轻人工作勤奋，吃苦耐劳，很快得到了公司老板赏识。一年后，公司业务增多，新开设了一个小公司，老板有意培养年轻人，就提拔他做了小公司的经理。

年轻人凭借着能干的精神，将小公司管理得井井有条，业绩非常突出。由于业绩出色，公司虽小，也渐渐有了名声。有位外商听说后，慕名前来找到年轻人，打算与他洽谈一个合作项目。

年轻人热情地接待外商，与他进行了诚恳的谈判，并且邀请他共进晚餐。晚餐并不奢华，反而显得有些简单，两人将菜吃得干干净净，只剩下一张小饼。这时，年轻人招呼服务人员说："把这张饼打包，我要带走。"

也许服务员从没有见过这样小气的顾客，略微愣了一下，还是走过去按照规定为他打包。

外商目不转睛地盯着这一幕，当即站起来表示："先生，我们明天就签订合约。"

第二天，合约果真如期签订。老板亲自出面宴请外商，席间，外商忍不住问年轻人："先生，请问您受过什么教育？"

年轻人回答："我家里很穷，父母都不识字，谈到教育，他们对我的要求是从一粒米、一根线开始的。在我父亲去世后，母亲含辛茹苦地抚养我，供我读书。她对我说，不指望我高人一等，只希望我能做好自己的事……"

年轻人的话音未落，老板的眼中已浸满了泪水，他端起酒杯，激动地对年轻人说："来，我提议我们敬她老人家一杯，因为你受到了最好的人生教育！"

不识字的父母对儿子进行的教育，体现出劳动人们的朴实本色，也体现出劳动教育的意义。

劳动是人类最基本的活动，是人类社会赖以生存、发展的基础。从远古时代直到信息时代，人类的每一步发展都是劳动的结果。参与劳动、热爱劳动，可以锻炼学生们的实践能力，提高他们的道德修养。

中国著名教育家陶行知先生，在20世纪20年代时就非常重视劳动教育，为了培养学生的劳动习惯，他提倡把劳动教育作为学校必修课，提出"教学做合一"的教育理论。他说："唯独贯彻在劳力上劳心的教育，才能够造就在劳力上劳心的人类，才能创造大同社会。"

为了推行劳动教育，陶行知还提出实施劳动教育的一些原则：

第一，实践性原则。劳动教育应该以动手操作为主，教师们要结合学生从事劳动的内容，进行知识和技能传授。这样才能实现教、学、做合一。

第二，迁移性原则。劳动教育是德、智、体、美、劳互相渗透的过程，在这个过程中，知识、情感、行为会和谐发展，所以劳动教育的过程需要学生把劳动意识转为劳动态度，把劳动技能转化为劳动习惯，进而形成稳定的心理素质和劳动观念。

第三，量力性原则。劳动教育应该根据学生的年龄、性别、文化层次，选择适合学生的、没有危险的劳动内容。教师应该保证必要的劳动时间，同时严格控制劳动强度和时间，不要因为劳动强度过大，而危害学生身体健康。另外，学校在劳动教育时，要考虑本校的具体情况和条件，因地制宜。

第四，综合性原则。劳动教育需要学校、社会和家庭各方面的共同努力，才能确保教育效果。另外，劳动教育不可偏废，应该将思想教育、知识学习和技能训练进行有机结合，提高学生综合素质。

第五，巩固性原则。劳动教育需要划分层次，不同阶段制订不同目标，然后循序渐进，在巩固的基础上不断提高。可见劳动教育不是"率性"而为的事情，不能"一阵风"，今天做了明天忘，应该持之以恒，直到养成劳动习惯。

陶知行手迹

第六，时代性原则。随着时代发展，劳动教育的内涵也在不断变化和丰富，所以实施劳动教育，必须适应时代需求，实时进行调整。

总结劳动教育，其内容十分广泛，大体有以下三方面：

一、树立正确的劳动观，了解劳动的伟大意义。人类历史进程，首先是生产发展的历史，是劳动人民创造的历史。辛勤的劳动是人类生存和发展的基础和保障，劳动是每个公民的神圣义务和权利。

二、培养热爱劳动和劳动人民的情感。通过劳动教育，可以让学生养成劳动的习惯，认识到以劳动为荣、以懒惰为耻的素质，进而自觉地抵制不劳而获的思想，不做贪图享受、好逸恶劳的人，避免奢侈浪费等恶习。

三、帮助学生正确地对待学习。学生阶段学习是主要任务和主要劳动，通过劳动教育，可以使学生更好地理解学习的意义，正确地对待升学、就业等问题。

小知识

胡适（1891～1962），字适之，著名学者、教育家、中国自由主义的先驱，以宣导"五四"文学革命闻名于世。他一生著述等身，在文学、哲学、史学、考据学、教育学、伦理学等诸多领域，都有深入的研究。

失足青年的良师马卡连柯，注重思想教育与劳动教育

思想教育，即思想政治教育，指的是社会或社会群体为了使其成员形成符合一定社会需求的思想品德，所采取的思想观念、政治观点、道德规范，经有目的、有计划、有组织地实施教育，帮助其成员的社会实践活动。

每一个失足青年的心里，都有一段隐痛与伤疤，在走出监狱的大门，面对崭新的阳光的时候，心里最难抹去的是往事带来的自卑与阴影。

卡拉巴林就是这样一个青年，在服刑期满以后，是马卡连柯带着他走出了监狱的大门。在办理出狱手续的时候，马卡连柯安排卡拉巴林暂时在办公室外面等候，过了一会儿，他办完手续走出办公室。

办完了手续，他们向教育厅的方向走去。刚走出监狱大门的卡拉巴林心理压力很大，总觉得别人会看轻自己、不信任自己。为了取得马卡连柯对自己的信任，同时也为了表示自己已经改过自新，他尽量走在马卡连柯的前面，让他随时都能够看到自己，表示自己不会逃跑。

马卡连柯看懂了他的心思，为了打消卡拉巴林的顾虑，他并没有跟在卡拉巴林的后面，而是拉着他的手，像父子一样有说有笑地并排走在一起。马卡连柯的举动深深感动了卡拉巴林，他觉得这世界上还有人愿意跟自己手拉手地走在大街上，说明这个世界并没有抛弃他，他与其他人一样可以享受空气和阳光。

马卡连柯的一举一动都有意识地顾及着失足青年的自尊，在他眼里，失足少年跟正常人一样，只是不小心迷了路，如果耐心地引导再加上悉心关怀，他们完全可以走出阴影，跟常人一样做出一番成就。

走出监狱的卡拉巴林在马卡连柯的鼓励下，重新恢复了生活的信心与勇气，十年后，他已经是一位受人尊敬的人民教师。后来，当卡拉巴林问起在办理出狱手续，为什么会让自己单独等在外面的时候，马卡连柯说，不想让卡拉巴林看到自己出狱还要有担保人签名，所以就让他回避了，以免伤他的自尊。后来，卡拉巴林摒除了当年那段弯路给他带来的阴影，每当他在受到来自众人的赞许和信任的目光的时候，他高兴得简直像飞出笼子的鸟儿，面对蓝天，他真想放开喉咙高歌一曲，借以抒发自己畅快的心情。

四、方法决定成败——教育是人生的助推器

马卡连柯是前苏联著名教育家,上面这段故事是他教育生涯的一个小片段,是发生的真实事情。马卡连柯从事流浪儿与少年违法者的教育改造工作期间,提出了通过集体和生产劳动来教育儿童的方法,丰富了自己的教育学理论,帮助无数不良少年重回正途,为此被称为失足青年的良师。

在马卡连柯的教育学理论中,十分注重思想教育和劳动教育。他平等地对待每一位违法少年,尊重、信任他们,并用集体教育和思想教育,对学员提出服从纪律、热爱劳动、建立和健全生活制度的要求。他在先后十六年的特殊教育工作中,付出了大量心血,取得了巨大成功。

进行思想教育,首先要强调人格教育,重视公民的人格培养。这里我们从人格培养的角度,谈谈思想教育需要注意的问题。

第一,进行思想教育,需要将外部灌输与个人的自觉性结合起来。只有外部灌输,而不注重个体的思想观念和人格要素,思想教育就只是一句空话。中国传统教育中主张"修养",建立自觉意识,这就是很好的例证。

第二,将思想教育日常化,也就是将思想教育与日常生活密切结合起来,从而培养人的良好习惯。比如中国传统教育中对儿童进行的"洒扫、应对、进退"等教育,就是通过日常劳动、言行举止培养人的自觉性。再如西方社会强调培养儿童的独立生活能力、培养儿童爱护环境等,也是从日常生活的点滴入手,培养他们的思想品德。

第三,思想教育必须采取诱导的方法,切忌强制式教育,以免产生叛逆效果。人格的形成是自然的过程,道德的养成也是如此,所以教育者应该以诱导的方式,引导被教育者循序渐进,逐步建立良性人格,而不是采取威胁、制裁等强硬的教育方式。

第四,采取启发式教育方法。教育者要想办法启发受教育者的自我思索和探索热情,使他们主动思索人生道理,产生如醍醐灌顶的感觉,醒悟很多道理。

第五,采取无形教育的方式,使受教育者在不知不觉中受到良好人格和思想品德的感染和熏陶,进而与教育者建立一致的道德观念。我们平常说的"身教",就是这个道理。

小知识

托马斯·莫尔(1478~1535),英国空想社会主义者,首次提出空想社会主义的教育思想。他提出无论是男是女,都应该接受教育。重视劳动教育,运用直观原则的教学,教学采用本族语言,教学内容主要有读、写、算、几何等。此外,对成人教育、德育、体育等问题都有专门论述,是最早提出劳动教育的教育家之一。著作有《乌托邦》一书。

耶稣丢樱桃，使彼得接受形式教育

形式教育，也叫形式训练、心智训练、形式陶冶，认为普通教育的主要目的是经训练感官能力，发展学生的各种官能或能力，并且以此为基础排定课程，选择教材。

一天，耶稣带着他的门徒彼得远行，行进途中，耶稣发现一块破烂的马蹄铁，于是，他招呼彼得将马蹄铁捡起来。彼得瞄了一眼马蹄铁，心想："那东西多脏啊！又没有什么用处，谁爱捡谁捡，反正我不捡。"他假装没听到耶稣的吩咐，继续往前赶着路。

耶稣见此，没有说什么，弯下腰亲自将破烂的马蹄铁捡起来，一如既往地前行。不一会儿，他们路过一座城镇，耶稣看见一位铁匠师父，就将马蹄铁卖给他，换了十文钱。带着十文钱走了一段路后，他们路过一个水果摊，摊子前面摆放着晶莹润亮的樱桃。耶稣用十文钱买了十八颗樱桃，藏在袖子中。然后，他带着彼得穿街过巷，来到城外。城外是茫茫荒野，四周除了小草外，就是零星的树木。此时，太阳在天空热情地绽放它的光芒，将大地烘烤得像一个大蒸炉，彼得非常难受，因为他感觉自己的喉咙好像着了火，痛苦无比。可是荒野之中，四顾无人，哪有解渴的东西。

耶稣将天国的钥匙授予彼得

耶稣一直走在前面，他猜到了彼得目前的状况，因此，他一边走，一边悄悄地将一颗樱桃放在地上。口渴的彼得见到地上有人掉落的水果，也不管是谁掉的，捡起来就吃。耶稣边走边丢樱桃，每次都只丢一颗，彼得只好不停地弯腰将樱桃捡起

四、方法决定成败——教育是人生的助推器

来。耶稣将十八颗樱桃丢光之后,转身对彼得说:"如果刚才你弯一次腰,就不用现在没完没了地弯腰了。"

让门徒通过自身的行动体会某些问题的深意,这里耶稣的教育体现出形式教育的特色。形式教育起源于古希腊,在中世纪整个欧洲都很流行,到17世纪时形成理论体系,18、19世纪达到鼎盛时期,主要代表人物是洛克和裴斯泰洛齐。

形式教育认为最有发展价值的学科,是形式学科,如希腊文、拉丁文、逻辑学等,还有古典人文课程。形式教育的教学原则和方法,以学生心理官能的内在发展秩序为依据。

形式教育的理论基础来自于三个方面:

一、形式教育派认为,除了练习或训练,没有别的方法可以发展官能、发展人的其他能力,而且这些能力如果不去练习,会逐渐衰退变弱。所以教育的主要任务,就是发现可以有效训练学生官能的心智练习。

二、形式教育认为,训练官能远比灌输知识重要。学生接受教育的时间有限,教师无法把所有知识都灌输给他们。因此,教师如果训练他们的官能,使其可以吸收任何知识,这样的教育效果自然更好。同时还认为,知识不过是训练的材料,所以不必重视课程和教材的实用性,而该重视它们的训练作用。

三、形式教育论是一种迁移理论。既然官能是训练自动产生的结果,当心灵官能发展起来时,也能转移到其他学习上去。这样,学生学习形式学科,对其他课程学习也有好处。比如学习希腊文、拉丁文的学生,会提高比较能力、分析综合能力等。根据这一理论,编排课程和选择教材时,就要把官能训练及其迁移的作用和价值,作为一个重要依据。

尽管形式教育有着如此丰富的理论基础,并且盛极一时,然而随着社会经济和科技发展,其弊端也逐渐暴露。由于轻视自然科学知识的教学,18世纪末到19世纪初,形式教育已经不能满足资本主义教育需求,于是,以自然科学和职业技术教学为主的实质教育论兴起,并很快形成两派对立的局面。

小知识

蒙田(1533~1592),文艺复兴后期法国人文主义思想家。他认为教育的目的是培养贵族绅士,主张遵循自然、启发学生的好奇心而进行教育;反对封建教育的教学制度和教条主义,重视德育、体育。其世界观和教育思想,反映了新兴资产阶级的要求,主要著作有《随笔集》(又译《随感录》),他的教育思想主要反映在《论儿童的教育》、《论父亲对其子女的爱》等论文中。

牛奶海洋中的玩乐，
提醒形式教育与实质教育之别

实质教育论认为教育的目的，就是向学生传授与生活相关的各种知识，因此与人类世俗生活密切相关的实质学科如物理、化学、天文、地理、法律等，还有实质课程，都是最有价值的学科。

史蒂芬·葛雷在医学界取得了辉煌的成功，当一个人有了成就后，就会引起许多人的尊敬与仰慕，他们总想了解科学家成功背后的秘密，了解他的生长环境以及家庭氛围。当有记者问及他为什么比常人更有创造力，为什么会取得这样傲人的成就的时候，他回答说，自己所有的思想和领悟力都来自于母亲对他的独特教育方式。

一提起成长的经历，史蒂芬·葛雷就会想起母亲，而一想起母亲，他就不由自主地想起许多童年的故事。记得有一次，他打开冰箱准备拿一瓶牛奶，可是牛奶放在冰箱的最上面，牛奶瓶子又很大，他的小手没办法抓牢，瓶子被摔在地上，将牛奶洒了一地。

这时候母亲听到响声，从卧室来到厨房，她看到的景象是，牛奶洒在地上，像一片白色的海洋，旁边还有瓶子碎渣，而史蒂芬·葛雷正呆呆地站在那里，吓得不知所措。

母亲想，既然已经这样了，绝不能让小小年纪的史蒂芬·葛雷再受惊吓，所以她用一种轻松的口吻说道："这孩子，把牛奶铺在地上，难道要搞什么化学实验不成？"

"妈妈，我不是故意的。"

"那我们现在来想想办法，怎么把它给清理干净。"

清理牛奶的过程很简单，母亲找了一块布和一块海绵，和史蒂芬·葛雷一起把地上的牛奶清除干净了。

母亲把史蒂芬·葛雷闯的祸变成了一场愉快的劳动，劳动结束以后，母亲告诉他，瓶子之所以会抓不住，是因为瓶身太大，而史蒂芬·葛雷的手又太小。接着，母亲找了一个大瓶子，里面盛满水，让他想办法拿起来。史蒂芬·葛雷仔细地看了看瓶子，用手抓住靠近瓶颈的地方，很容易就把盛满水的瓶子拿了起来。

四、方法决定成败——教育是人生的助推器

"这样的故事很多,它们提示我生活中很多的知识都是受到错误的启发而得来的,我最感谢的是母亲在看到我犯错以后,不是狠狠地责备我,而是耐心地帮助我分析和改正错误。"

母亲理性而科学地教育,让儿子获得了有价值的知识和信息,在这个教育过程中,分别运用到了形式教育和实质教育。实质教育相对于形式教育而言,也是一门有着古老历史的教育理论,起源于古希腊和古罗马,不过在中世纪一直受到压制,直到18世纪才有所抬头。19世纪时,实质教育非常兴盛,与形式教育对立,成为当时两大主流教育理论。

实质教育论的主要代表人物是赫尔巴特和斯宾塞,他们认为实质教育的教学原则和方法应该适应儿童身心发展规律,并强调愉快性和有效性。

实质教育论适应资本主义经济和科技发展,是19世纪大多数欧美国家设置学校课程和选择教材的教育理论。

实质教育的理论基础来自联想主义心理学,其主要的理论包括:

第一,实质教育认为,人在出生时,心灵一无所有,心灵的官能不是先天存在的。只有依赖于观念的结合,才有心灵,就是说心灵是经验的产物。所以,教育的主要任务就是以观念充实心灵,以适当的观念来建设心灵。

第二,实质教育认为,教育应该以实质为目的,而不是能力训练。各种观念是建设心灵的原料,观念来自哪里?首要是课程和教材,所以教育应该重视课程和教材的具体内容及其实用价值,而不是它们的训练作用,以便让学生获得丰富知识,促进能力发展。

第三,课程和教材之间的组合和排序,会直接影响心灵的建构,因此教育应当重视课程和教材的组织。

以上分析明显地揭示出实质教育和形式教育的区别,不过两者有一点相同,那就是它们在知识教学和能力发展两方面各执一端,因而都具有片面性。所以,20世纪到来后,这两种理论不可避免地衰退了。

小知识

勒内·笛卡儿(1596~1650),17世纪法国哲学家、教育家、科学家,西方近代哲学的奠基者之一,解析几何的创始人。主要著作有《形而上学的沉思》和《论心灵的感情》等。

曾子杀猪体现了福泽谕吉强调的家庭教育

家庭教育,是指在家庭生活中,由家长(首先是父母)对孩子实施的教育。现今,家庭教育既包括生活中家庭成员(包括父母和子女等)之间相互的影响和教育,也包括聘请专门从事家庭教育的教师对孩子的教育。

曾子是孔子最得意的学生之一,生性稳重,待人谦和,是孔子学说的主要继承人和传播者,与孔子、孟子、颜回、子思比肩,共称为五大圣人。

曾子一生注重言传身教,从不欺蒙哄骗。一次,他的妻子要上市集去买东西,三岁的儿子哭闹着非要跟着去,妻子便哄他说:"你在家等着,娘回来给你杀猪炖肉吃。"

孩子信以为真,便不闹了。

到了中午,曾子的妻子回来了,正要张罗着做饭,忽见曾子在树下磨刀,她好生奇怪,便走上前去问道:"你要做什么?"

"杀猪啊!"曾子头也不抬。

"杀猪干什么,非年非节的?"妻子一头雾水,不明白丈夫的所作所为。

"你不是对孩子说,要杀猪炖肉给他吃吗?"曾子回答。

"我那是哄他的。"曾子的妻子觉得丈夫实在可笑,赶紧阻拦他。

没想到,曾子放下刀,抬起头严肃地看着妻子说:"说到就要做到,父母的一言一行对孩子都有影响。如果我们说了不算,欺骗孩子,会让他失望,他长大以后会不尊重我们,并且自己也会变成一个坑蒙哄骗、满口谎言的人。"

妻子听了这话,顿觉有些后悔,便不再言语。不一会儿,曾子磨好了刀,真的把猪杀了,吩咐妻子炖了一大锅肉。就这样,全家人热热闹闹地吃了一顿香喷喷的团圆饭。

曾子为履行承诺而为孩子杀猪的做法为后人所称道。

千百年来,曾子杀猪的故事都是家庭教育的典范案例,影响着一代又一代的父母。如今家庭教育已经越来越受重视,与学校教育、社会教育,共同构成教育学的主要内容。

那么,何谓家庭教育?很简单,家庭教育就是在家庭生活中,由家长对其子女实施的教育。从古至今,无数教育家都十分注重家庭教育,日本教育家福泽谕吉曾

四、方法决定成败——教育是人生的助推器

经说:"家庭是习惯的学校,父母是习惯的老师。"作为19世纪率先引进西学的东方教育家,他在大力改革日本教育的同时,多次强调家庭教育的意义,他说:"学校教育有许多无法触及的角落,是要靠家庭教育这盏明灯去照亮的。"

家庭是孩子最早接受教育的场所,也是孩子最晚毕业的地方,从这一点来看,家庭教育是终生教育。在现今社会中,家庭教育既是学校教育的基础,也是学校教育的外延和补充,已经成为全世界各个国家面临的重要课题。很多国家都把家庭教育纳入国家整体规划之中,因为他们意识到未来社会的竞争是人才的竞争,而人才来自于成功的教育,家庭教育又是一切教育的基础。

良好的家庭教育可以促进孩子的全面发展。现代儿童教育专家研究认为,婴幼儿时期是儿童良好的道德品格、行为习惯和非智力因素的积极特征的起步阶段,父母担负着育人的特殊职能,因此若要孩子全面发展,父母必须树立全面发展的思想。

元朝大画家赵孟頫精心绘制的《三圣图》,为画史中一绝。画中三人中为孔子,左为颜回,右为曾参,三人的衣纹是用半部《论语》组成的

如何树立全面发展的思想,或者说家庭教育的内容包括哪些呢?目前,大多数教育家认同联合国教科文组织提出的21世纪青少年应该具备的"四个学会",为家庭教育的主要内容。"四个学会"包括学会学习、学会生存、学会发展、学会与人相处。

在中国,结合国情特色,比较流行的家庭教育内容为"三道教育",即为生之道、为人之道,为学之道。

"为生之道"是指以生命健康为核心,包括生理卫生、营养保健、安全防护、运动能力四方面。

"为人之道"是指以生命价值为核心,包括人格、心理卫生、道德礼仪、人际交往四方面。

"为学之道"是指以生命智能为核心,包括学习、思维、科学素养、人文修养四方面。

分苹果的故事,体现心理健康教育

心理健康教育,是根据学生生理和心理发展特点,运用心理教育方法和手段,培养学生良好的心理素质,进而帮助学生身心素质全面发展的教育活动。

美国有一位著名的心理学家,他为了研究"母亲对人一生的影响"这项课题,特地在美国选出在各自行业领域中获得了巨大成就的五十位成功人士,同时,又选出五十名有犯罪前科的人员。然后,这个心理学家分别写信给他们,请他们谈谈童年时母亲的行为对他们后来的影响,其中,有两封回信谈的是同一件事,信的内容是讲述小时候母亲分苹果的故事。

来自某所监狱的一位犯人这样写道:"那天,妈妈不知道从哪里弄来两颗苹果,问我和弟弟:'你们想要哪颗?'弟弟抢着回答说:'我要最大的那颗。'妈妈听了,瞪了他一眼,训斥道:'好孩子要学会把好的东西让给别人,不能总想着自己。'我听了这话,灵机一动,趁妈妈训斥弟弟时,说道:'妈妈,我要最小的那颗,最大的就留给弟弟吧!'妈妈听了非常高兴,在我的脸上亲了一下,并把最大、最红的那颗苹果奖励给我。我用不正当的手段得到了我最想要的东西,从中尝到了甜头。从此,为了得到我想要的东西,我学会了说谎,甚至不择手段,坑蒙拐骗,无所不用,直到现在,我被送进监狱。"

来自一位成功人士的回信,他在信中这样写道:"当年,我妈妈买了一箱苹果,我和两个弟弟从里面挑出一颗最大、最红的苹果。为了得到这颗苹果,我和弟弟们争夺不休,最后妈妈对我们说:'我把门前的草坪分成三块,你们三人一人一块,进行整理,谁做得又快又好,谁就有权利得到苹果!'我们三兄弟很高兴,立刻开始比赛除草,修剪草坪。经过一番努力后,我获胜了,赢了那个最大的苹果。我非常感谢母亲,她教了我一个最简单也最重要的道理:如果想得到最好的,就必须努力证明自己有资格拥有它。"

不同的教育方法,使孩子产生不同的心理素质和人格修养,也就有了完全不同的人生。心理健康教育的意义之大,我们不得不重视。

心理健康教育是素质教育的一部分,在提高学生心理素质的同时,可以充分开发学生的潜能,让他们养成乐观向上的心理,促进人格健全发展。

在具体的表现上,心理健康教育可以使学生不断认识自我、调控自我,增强承受挫折和适应环境的能力。尤其是一些心理行为有问题的学生,给予其正确的心

四、方法决定成败——教育是人生的助推器

理健康教育,可使他们尽快摆脱心理障碍,调节自我状态,形成健康的心理素质。

实施心理健康教育,需要了解和掌握一定的原则。

一、教育性原则。教育者进行心理健康教育,必须根据具体情况,提出积极有益的分析,关注学生积极进取的精神,使他们树立正确的人生观和世界观。

二、差异性原则。心理健康教育必须注重学生的个别差异,因人而异,根据不同情况和需要,采取多样化、针对性强的教育方法。

三、主体性原则。心理健康教育的主体是学生,应该以学生为出发点,始终把学生放在主体地位,然后将教师的教育与学生的主动参与结合起来。

四、整体性原则。在进行心理教育时,教育者需要运用系统论的方法,将学生的心理和生理进行全面考察和系统分析,避免片面地处理问题。

五、发展性原则。学生的身心正处于快速发育期,因此心理教育要顺应这个特点和规律,以发展为重点,促进学生获得最良好的发展。

六、保密性原则。由于心理行为的特殊性,受教育者很可能不愿意暴露自己的某些心理问题。因此教师在对学生进行心理健康教育时,对学生的个人情况应该予以保密,不要伤害到学生的名誉和隐私权。

小知识

托马斯·赫胥黎(1825～1895),英国生物学家、教育学家。他一生主要从事生物科学的研究与教学,重视自然科学教育,强调直观教学和实验的重要性;对英国普及和改革初等学校教育有着促进作用,是提倡科学教育的代表人物之一。主要著作有《进化论与伦理学》、《论自由教育》、《科学教育》、《技术教育》等。

断臂自救的男孩实践社会教育

社会教育有广义和狭义之分。广义的社会教育，指的是有意识地培养人及有益于人的身心发展的各种社会活动。狭义的社会教育，指的是在学习和家庭以外的社会文化机构或者其他社会团体、组织，对社会成员进行的教育。

约翰·汤姆森从小就生活在北达科他州的一个农场里，那个农场是父亲的，因为经常看父亲工作，上了高中以后，约翰·汤姆森就已经能够操作机器，经常在假期里帮助父亲工作了。

1992年1月11日，当约翰·汤姆森在农场里工作时，不幸的事情发生了。因为天气寒冷，地面结冰，他一不小心在机器边滑倒了，他下意识地把手抵在机器上，却没想到被高速旋转的齿轮绞住了袖子，两个手掌全部被切断，顿时血流如注。面对突如其来的灾难，约翰·汤姆森并没有惶恐，为了止血，他冷静地把断了的胳膊伸进冷水里。

过了一会儿，他忍着剧痛来到了门口，用牙齿打开门栓，然后走到电话机旁，用嘴叼住一支笔，开始在电话机上一下一下地拨动。很快，电话那边有人接听了，原来是表哥，他告诉表哥自己现在的处境。事不宜迟，表哥放下电话立即为他联系了医院。

很快，医院的救护车把约翰·汤姆森接走了。经过会诊，医生发现约翰·汤姆森的断臂有再植的可能性，便为他做了再植手术。半个月以后，约翰·汤姆森经过再植的手掌已经能够微微活动了，说明手术很成功。又过了一个月，约翰·汤姆森的伤已经痊愈，他便重新回到了学校，跟大家一起开始了新的学习生活。

对于汤姆森遭遇危难后又重新回到学校，很多人都赞叹说这简直是一个奇迹。在同学们的眼里，汤姆森是一个非常聪明、意志坚强的人，之所以能够大难不死，跟他平时的锻炼也有关系，身体棒自然抵抗力强。谈起那次遭遇，大家对约翰·汤姆森钦佩有加，都说若不是他处理得当，恐怕他现在已经是个残疾人了。

但是对于汤姆森现在的安然无恙，一位学者有着另外的见解，他说汤姆森的成功自救来自于他超强的独立精神和勇敢果断的性格。断臂自救，遇事不慌，汤姆森

四、方法决定成败——教育是人生的助推器

除了有很好的体质以外，他能够冷静地处理问题的能力，也是他生命得以再续精彩的主要原因之一。

这确实是一个奇迹。在这个男孩身上我们可以学习和探讨的东西太多了，这里我们要说的是他的自救与社会教育的关系。他利用假期帮助父亲工作，正是在实践社会活动中，接受的一种社会教育。

实际上，人类最早的教育就是经过社会来实现的。中国古代有巢氏教人们穴处巢居，燧人氏教人们钻木取火，伏羲氏教人们渔猎，神农氏教人们稼穑。这些都是社会教育的内容。《周礼·官》中有"聚民读法"的规定，对国民进行政治教育；春秋时期，举行饮酒乡射之礼，进行道德教育。这些现象说明，社会教育源远流长。

那么狭义的社会教育是何时出现的呢？一般认为，狭义的社会教育产生在16至18世纪，法国教育家第姆认为法国社会教育在1533年前后开始；美国教育家诺维斯认为，美国的社会教育在1600年以后出现；而英国学者则说，英国的社会教育萌芽于1860年左右。我们知道这些说法中的社会教育，都是指近代社会教育形态，然而我们应该明白，狭义的社会教育不止如此，伴随着学校教育的出现，它一直没有中断过。因为在劳动生产过程中，广大劳动人民及其子女，接受最多的依然是社会教育。

神农氏采药

到了近代，随着科技发展，知识总量激增，劳动就业结构变化，学校教育受到冲击，要求现代学校教育必须与社会发展相结合。现代社会对青少年的要求是，扩大社会交往、充分发展兴趣和个性，广泛培养特殊才能。这种情况下，社会教育对青少年成长来说，越来越重要。

为女皇制订教学计划的狄德罗，提倡平等教育

教育平等论，是教育民主化的一个重要内容，指的是社会中每个成员，无论在政治、经济、文化、民族、信仰、性别、地域等方面有什么样的差别，在法律上都享有同等的受教育权利，在事实上具有同等的受教育机会。

狄德罗是法国著名哲学家、文学家、教育家，是一位百科全书式的人物，曾经主编法国第一部《百科全书》。他曾呼吁全体俄国人一起重视教育，让那些居住在茅屋里的孩子们也有受教育的权利。在同等的教育水平下，人们应该有理由相信那些破旧的茅屋里一样会走出天才和科学家。他认为教育的作用不可忽视，能解放人的思想，开阔视野；能唤醒奴隶心底的尊严，让他们懂得自己不是生来就随意让人使唤的。狄德罗同时还倡议所有的学校都应该向儿童免费开放，让那些上不起学的孩子都能够走进校园，成为一种强制性的普及教育。

狄德罗为何如此关注俄国教育呢？原来，狄德罗是受女皇叶卡捷琳娜二世邀请，前往莫斯科为女皇拟定《俄罗斯政府大学计划》的。这其中又有一段感人的故事。

狄德罗是位慈父，十分疼爱自己的女儿。女儿该出嫁了，他打算为女儿准备一份像样的嫁妆。可是他的资金有限，一时间筹措不到足够的钱。怎么办呢？狄德罗想来想去，觉得只有自己的藏书值钱，于是准备将它们卖掉。

狄德罗卖书的消息很快传开，竟然传到遥远的俄国女皇叶卡捷琳娜二世的耳中。女皇早就听说狄德罗的才华，对他非常敬重，听说这件事后，想出一个绝妙的好办法。她以高价买下这批藏书，然后委托狄德罗保管。

也许狄德罗感激女皇伸手相救，成为女皇的座上宾，全心全意为俄国教育出谋划策。

狄德罗在俄国提倡的平等教育，促进了俄国教育进步和发展。从教育平等的定义可以看出，教育平等包含四个方面的内容：

第一，人是教育的目的。教育的最终目标是个体自由和谐地发展，所以，尊重每一个个体的基本人权和自由，才符合教育平等的原则。

第二，教育权利平等原则。在一个社会中，不管个体在政治、经济上存在多大差异，都能享有同等受教育的权利。

四、方法决定成败——教育是人生的助推器

叶卡捷琳娜二世因政绩卓越,在俄国历史上与彼得大帝齐名。

第三,教育机会均等原则。教育制度是为每个人设置的,保障每个人都有均等的入学机会,而且在教育过程中,每个人也有平等的成功的机会。如今,教育机会均等不仅仅局限于所有人都有入学的机会,还有追求教育结果均等这一深意。

第四,差别性对待原则。教育的效果因为受教育者的个体差异如天赋、机会不同而有别,因此不可能机械地实现机会均等。所以,在实现教育平等的过程中,必须给予每一个个体不同的教育待遇。

总之,教育的平等论,就是要求把教育看成是走向社会平等的一个途径,通过一定的教育,使社会成员取得经济或社会地位的平等。

小知识

约翰·洛克(1632～1704),英国哲学家、思想家、教育学家。他批判了天赋观念论,论证了认知来自于感觉的经验论原则,提出了著名的"白板论"。他认为人的心灵如同白板,观念和知识都来自后天,并由此得出"天赋的智力人人平等"的结论。他的主要教育思想是绅士教育论,主张绅士的教育应把德行放在首位,要培养礼仪,学习的科目不必注重古典,要扩大实用学科。主要著作有《政府论》、《人类理解论》、《教育漫话》和《关于理解的指导》等。

松开的鞋带是一种创新教育

以培养人们创新精神和创新能力为基本价值取向的教育,就是创新教育。实施创新教育,需要使整个教育过程被赋予人类创新活动的特征,在此基础上,达到培养创新人才的目的。

有一位著名的表演大师,经常带领弟子们到世界各地巡演。有一年,他们来到美国纽约,在那里受到热烈欢迎。大师非常高兴,准备亲自登台表演自己的拿手好戏。当大师走上台阶时,他的一名新入行不久的弟子忽然附耳过来,悄悄告诉他:"师父,您的鞋带松了。"大师稍稍一愣,然后点点头,对弟子表示感谢后,蹲下身子认真地系好了鞋带。

接着,这名弟子转身去做其他准备工作,大师看到弟子走远了,连忙蹲下身子又把鞋带松开了。这过程被一位细心的旁观者看在眼里,他不解地问:"大师,您为什么把系好的鞋带又松开了?"大师笑了笑,耐心地解释说:"我将要表演一位长途跋涉的旅者,他已经很劳累了,连鞋带都松开了。松开的鞋带这一细节,可以表现出他的憔悴状态。"

旁观者还是很疑惑:"可是您为什么不直接告诉您的弟子?"

大师回答道:"他发现我的鞋带松了,这说明他很细心;他悄悄告诉我,说明他很热心。作为师父,我应该保护弟子这种热情积极的精神,实时给予他鼓励和认可,所以我毫不犹豫地系好了鞋带。至于为什么要解开鞋带,我还有很多机会教他表演,下一次再告诉他也不迟。"

旁观者听了,敬佩地说:"有您这样的师父,真是难得。"

大师出人意料的教育方式,体现出创新特色。"创新"一词曾出现在《南史·后妃传》中,是创立或创造新东西的意思。如今提到"创新"二字,多用于经济领域,一是指前所未有的,二是指引入到新的领域的。比如比尔·盖茨,几乎没有个人的创造发明,但他可以将别人的发明创造进行变化、组合、开发,这也是创新。

在教育学中,创新的理念涵盖面也非常广泛。就目前的教育现状而言,创新的核心是在普及初等教育的基础上,在全面实施素质教育过程中,培养中小学生的创新意识、创新精神和创新能力。创新教育使学生作为独立个体,善于发现和认识有意义的新知识、新思想、新事物和新方法,掌握其中的基本规律,具备相对能力,为未来的创新型社会奠定基础。

四、方法决定成败——教育是人生的助推器

实施创新教育,需要使整个教育过程被赋予人类创新活动的特征,在此基础上,达到培养创新人才的目的。创新人才,包括创新精神和创新能力两个方面。创新精神主要是指创新意识和质量;创新能力包括创新感知能力、思维能力和想象能力。创新精神是创新能力的内在因素,创新能力是创新精神的外在理性支持。

创新精神和能力不是天生的,在于后天的培养和教育。创新教育,需要受教育者发挥主体性、主动性,使教学过程成为受教育者不断认知、追求探索的过程,而不是消极被动、被塑造的过程。

现代社会,创新教育越来越受重视,教师作为教育者,在实施创新教育时,应该具备哪些能力和知识结构呢?

首先,教师应该做到不断学习、有目的学习。不断学习是现代人的必然要求,教师身为知识传授者,要想适应时势需求,只有不断学习,更新自己的知识结构,才能跟上时代步伐。

其次,教师应该有选择地、独立地学习。现代社会信息量暴增,选择有用的信息,既能提高知识量,还能节约时间。同时,有选择地独立学习,也是自我修炼的过程,为走上自主创新学习之路做准备。

再次,教师应该在学习中进行自我调控,达到身心和谐。具备创新人格,富有责任感、使命感,能承受挫折和失败,心态良好,性格坚韧,才是创新的根本保障。

小知识

颜之推(531~约595),南北朝时期思想家、教育学家。他完全继承了孔子的"唯上智与下愚不移"的先验论观点,强调中人教育;要求弟子以学习儒家经典为主,成为勤勉、博学、多能、务实、学以致用的人才;把家庭教育放在首位,提倡及早对儿童进行教育,甚至认为家庭教育应从胎教开始,并主张重视对儿童进行正确的语言教育;提出学习时要虚心,师友之间共同研究切磋,对士大夫进行"实学"教育,使其成为国家需要的人才。著作今存《颜氏家训》二十篇,《还冤志》三卷。

摆小摊的总理母亲，强调儿子的素质教育

以提高受教育者诸多方面素质为目标的教育模式为素质教育。素质教育重视人的思想道德素质、能力培养、个性发展、身体健康和心理健康。

川立派曾经先后两次当选泰国总理，在他领导下，民主党联盟才没有分裂。川立派在泰国声望很高，人们普遍认为他为政清廉，头脑清晰，是难得的好总理。

在川立派就任总理期间，他八十六岁的老母亲川梅女士并没有母以子贵，而是继续在曼谷一家超市内经营小食品摊，贩卖虾仁豆腐、豆饼、面饼之类的食品。很多人不理解，纷纷问她："你儿子做了总理，你该好好享福了，为什么还要在这里摆摊做小生意，这不是给儿子丢人吗？"

川梅女士摇摇头，回答人们："儿子当总理，那是儿子有出息，与我摆摊并没有冲突啊！我喜欢我的工作，我不觉得工作是丢人的事，而且在这里，我还可以见到很多老朋友。"

川梅女士亲自制作各种豆制品，特别是豆腐，她最高兴的就是看着儿子下班后，狼吞虎咽地吃她亲手做的豆腐。

这样的事情自然是媒体喜欢追踪的。媒体在多次采访川梅女士，并且追踪报导后，不得不称赞道："一位来自平民阶层的平凡母亲，教育出一名诚实正直而又受人尊敬的总理。"

川梅女士听了这样的话，谦逊地对记者说："不要这么说，我其实没做什么。说起教育儿子，我不过是在他小时候就告诉他做人要诚实、勤劳和谦虚罢了。我从来没有打骂过他，"说到这里，川梅女士忽然想起什么似的，满脸幸福，继续说，"我不记得他做过什么事让我失望。"

看来，在母亲眼里，川立派始终是优秀的，这也许是他成功的基本能量来源。

总理老母亲看似平淡的话，道出素质教育的真谛。素质教育，是近几年颇为流行的词汇，针对长久以来存在的应试教育，更为引人注目。那么究竟什么是素质教育？

关于素质教育的定义，说法很多，不过大体意思如下：以提高受教育者诸多方面素质为目标的教育模式为素质教育。分析此定义，我们发现其涵盖的内容包括

四、方法决定成败——教育是人生的助推器

几方面：

一、素质教育以提高全体受教育者的基本素质为目的。

二、素质教育应该适应社会发展和人类发展的需要。

三、素质教育在某种意义上，强调潜能开发。

四、素质教育注重个性全面发展，重视心理素质培养。

素质教育中的"素质"是广义的，是指人在先天生理基础上，经过后天环境影响和教育训练，获得的内在的、相对稳定的、可以长期发挥作用的身心特征和基本素质，也叫素养。主要包括道德素质、智力素质、审美素质、身体素质等。

素质教育具有全面性、全体性、发展性、基础性、未来性几大基本特点。

全体性，指素质教育面向社会所有成员，所有人都具有接受教育的平等权利和义务。

基础性，指教育提供的基本素质，而不是特殊才能或者职业素质。

发展性，指教育应该着眼于培养学生自我学习、自我教育、自我发展的能力，而不是传授知识。素质教育强调学生学会如何学习、学会生存。

全面性，指教育应该促进学生个体的最优发展，即个性的全面发展。

未来性，指教育要立足于未来社会的需要，而不是眼前的升学率和就业需求。

由于教育具有较强的惰性和保守性，总在强调年轻一代学会老一代的思想和生活，所以我们在批评现代教育时，往往批评它根据"昨日"需要设计的体系。素质教育就是要改变教育的这一问题，使年轻一代适应未来发展的需要。

小知识

周敦颐（1017～1073），北宋哲学家、教育学家。他的教育主张以"学为圣人"为宗旨，认为教育的目的正是要使人们改恶归善，求得"仁义中正"。他尤其强调德育在教育中的首要地位，认为"君子进德修业"是学习的根本，知识是为德育服务的工具。在教育和学习方法上，他主张要靠自我的学习和思索外，也要有教师和朋友的指导。著作有《通书》、《太极图说》等。

倒满的茶水无法满足
终生教育和终生学习

终生教育是人们在一生各阶段中所受各种教育的总和,是人们所受不同类型教育的统一综合。

日本明治时代,有位南隐禅师,因为名声显赫,人们纷纷前来向他学禅问道,希望能够有所收获。

有一次,一位博学多才的年轻教授慕名来到南隐禅师门下,想跟他问禅。

南隐禅师与年轻教授见面后,没有说一句话,就明白对方的问题所在,于是命侍童清洗茶具,准备以茶相待。

年轻教授心下喜悦,高高兴兴地坐到南隐禅师面前,静静等候。

不一会儿,茶具摆放整齐,南隐禅师亲自端起茶壶,开始往教授的杯子里倒茶。他似乎心不在焉,直到茶杯满了,依然没有停下来,任凭茶水四溢,流了一桌子。年轻教授看在眼里,终于忍不住了,开口叫道:"满了,已经满了,请不要再倒了!"

在制止声中,南隐禅师停下倒茶,然后面带微笑看着年轻教授,意味深长地说:"是啊!杯子满了,水就倒不进去了。而你呢,就像这个杯子,脑子里塞满了太多的学识、观点和看法。如果你不肯把自己的杯子倒空,把头脑腾出空来,把充塞其中的成见清除,我又怎么对你说禅,来增加你的智慧呢?"

有句古语"活到老学到老",即是激励人们终生不忘学习,以学习充实自己的人生。那么要如何做到这一点呢?故事中的南隐禅师给出了答案:"倒空水"——不断地清空大脑,然后接受新知识、新理论。这些道理的意义,就是终生教育。

关于终生教育,开始于人的生命之初,直到人的生命之末,既包括学校教育、社会教育,也包括正规教育和非正规教育。具有终生性、全面性、广泛性、灵活性和实用性的特色。如今,终生教育思想已经是许多国家教育改革的指导方针。

保罗·朗格朗曾说:"终生教育所意味的,并不是指一个具体的实体,而是泛指某种思想或原则,或者说是指某种一系列的关心与研究方法。概括而言,亦即指人的一生的教育与个人及社会生活全体的教育的总和。"

现代终生教育起源于20世纪60年代,在联合国教科文组织的提倡推广下,得以广泛传播至全球。

四、方法决定成败——教育是人生的助推器

那么,终生教育到底有哪些重要意义呢?

第一,终生教育主张教育应该贯穿于人的一生,进而使教育得到全新诠释,改变了过去将人的一生划分为学习期和工作期两个阶段的观念。

第二,终生教育改变了过去将学校视为唯一教育机构的陈旧思想,使教育超越了学校教育的局限,促进教育社会化和学习型社会的建立,扩展了人类社会生活的整个空间。

第三,终生教育引发了教育内容和师生关系的革新。终生教育的提出,让人们看到教育不再是单纯的知识传递,还应包括人的全面发展,尤其是思想精神方面。这样学习者不仅可学习文化知识,还可培养个人的主动适应性。这样一来,传统的师生关系会随之改变,成为一种新型的、民主的、开放式的关系。

第四,终生教育是多元化的,可以为学习者提供自我发展、自我完善的学习之路。

小知识

陆九渊(1139~1193),南宋思想家、教育学家。他提出"明理、立心、做人"的教育目的,还提出"切己自反,改过迁善"的道德教育的基本观点。他主张以道德教育和修养为唯一的教育内容,并主张教学中要依照自立自得、注重心教、悠游读书、致疑切思的原则。著有《象山全集》。

二十美元买来一小时的孩子，
渴望情感教育的和谐发展

情感教育与"唯理智教育"相比，主要关注的是教育过程中学生的态度、情绪、情感以及信念，进而促进学生的个体和整个社会的健康发展。简单地说，情感教育就是使学生身心感到愉快的教育。

张先生是一位营销经理，每月都有很沉重的销售任务。由于行业竞争激烈，他就像一台永不停歇的发动机，又像上紧发条的时钟，奔走于世界各地，有时候走路都像小跑一般，从没有时间坐下来安静地吃顿饭。

由于长期忙于工作，张先生很少在家，即便回家，也是深夜家人都熟睡之后。有一天，张先生又是很晚回到家中，让他大吃一惊的是，五岁的儿子正靠在门旁，东张西望地像是等什么人。

他快走几步问："儿子，怎么还不睡觉？"

儿子看到父亲，很激动，扑过来说："爸爸，我在等你啊！"

"等我？"张先生纳闷地问，"有什么事吗？"

儿子想了想说："爸爸，我能问你一个问题吗？"

"可以呀！"

"你一个小时可以赚多少钱？"儿子天真地问。

张先生没想到儿子会关心这样的事情，但还是认真回答："要是你一定想知道的话，我告诉你，我每小时可以赚二十美元。"

出乎张先生意料的是，他的话音刚落，儿子就说了一句："那你可以借给我十美元吗？""这……"张先生有些不悦，他想，儿子等我原来是为了要钱，小小年纪就学会了胡乱花钱，这还得了！所以他没有同意儿子的要求，而是把他教训了一通。可是过了一会儿，张先生逐渐平静下来，对刚才的做法有些后悔，毕竟孩子还小，也许他真的需要买什么东西。再说，他平时很少开口要钱的，自己没有搞清事情真相就责备他，是不是太过分了？想到这里，他主动走进儿子的房间，递过去十美元。

儿子高兴地接过钱，一边说着"谢谢爸爸"，一边迫不及待地掀开枕头，从底下拿出一叠被弄皱的钞票，细心地数着。张先生看着儿子的举动，好奇地问："儿子，你已经有钱了，为什么还要向爸爸要？你到底想买什么？"

这时，儿子举着手里所有的钱，兴高采烈地说："我存的钱不够，现在好了，终于够了。爸爸，我现在有二十美元，可以向你买一个小时的时间了。明天请你早点回家好吗？我想和你一起吃晚饭。"

这则故事读来令人颇感辛酸，孩子由于缺乏父爱，不得不花钱购买时间，这个细节告诉我们，情感在人生成长过程中的重要意义。现代社会，随着教育的深化和发展，情感在教育中的作用也越来越明显。

情感教育是相对于"唯理智教育"而言。唯理智教育的具体表现是没有把情感发展列入教育目标之中，强调知识获得和智力训练；在教育过程中，扭曲、阻碍学生的情感发展；师生之间缺乏正常的情感交流；为了追求训练目的，不把学生视为一个有感情的人，进而对学生的人格尊严造成侮辱。

前苏联教学论专家斯卡特金是著名的情感教学思想提倡者，他认为情感是学生认知能力发展的动力，因此提出了"教学的积极情感背景原则"，认为教育必须创造和谐的教学气氛。

那么，情感教育到底是什么呢？简单地说，情感教育就是使学生身心感到愉快的教育。它具有兴趣性、成功性、审美性、创造性的特点。

进行情感教育存很多价值，具体表现如下：

一、可以促进学生认知的发展。

二、促进建立良好人际关系。

三、促进学生开发潜能，并提高学生审美能力。

四、可以完善学生品德，有利于学生社会化发展。

当代世界各地情感教育的发展状况如何呢？在英国，著名教育家尼尔于1924年创办的夏山学校，是快乐教育的典范之作。以尊重生命、尊重个体为指导思想，教育的目的是适应儿童，使儿童学会如何生活。1960年代，英国学校兴起一种以培养道德情感为主的体谅教育，基本思想是多关心、少评价。在美国，情感教育的发展，以职业指导与咨询为主，特点是利用专家的力量为那些有特殊需求的学生服务。

小知识

柳宗元（773～819），唐代思想家、文学家和教育学家。他一生重视教育，认为君子不是天生的，强调后天学习，提倡博览群书、博采众长。他还认为君子应以学习儒家经典为主，学到利人济世的实用知识。其教育思想主要体现在《河东先生集》。

赠人以玫瑰的苏霍姆林斯基，注重个性全面和谐发展教育

学校教育的目的就是培养全面和谐发展的人，社会进步的积极参与者。个性全面和谐发展的基础是，必须将人视为不可分割的整体，完整的个性是一切教育的最终目的。

苏珊在乡里上小学，校园的左侧有一个花房，花匠种了很多漂亮的鲜花，有紫荆、吊兰、连翘、杜鹃、玫瑰等。每到春天，鲜花五颜六色，生机盎然，引来蝴蝶、蜜蜂满院子飞。

这一天，苏珊跟往常一样背起书包去上学，走到花房附近，发现大家围在花房旁，她跑过去才知道原来大家是在看一朵刚刚盛开的玫瑰花。这朵玫瑰花比一般的花大很多，花瓣饱满，娇艳欲滴。大家啧啧称奇，回到教室以后，仍兴致勃勃地谈论着那朵漂亮的玫瑰花，都说长这么大从来没见过。

放学后，苏珊回到家就直接跑进奶奶屋里。奶奶得了重病，已经好几天没下床了，每天只吃一点饭，被病痛折磨得面容憔悴。苏珊好几天没有看到奶奶的笑容了，她每天回到家都会先来看看奶奶，跟她说说话。今天她告诉奶奶，学校的花房开了一朵玫瑰花，苏珊一边说着一边用手比划着，说这朵玫瑰花像一个生日蛋糕一样大，奶奶说："傻孩子，哪有那么大的玫瑰花，你是想哄我开心吧！"

"没有，我说的是真的，不信我明天就摘来给你看。"

第二天，苏珊又来到那朵玫瑰花前，她想奶奶看到这朵花一定会很高兴的，就伸手把花摘下来，小心地捧在手心。

这时候校长过来了，他轻声地问苏珊："你为什么要把它摘下来呢？"

"奶奶病了，我告诉她学校里有一朵很大的玫瑰花，她说不信，我摘下来让她看看，看完再送回来。"苏珊睁着一双稚嫩的眼睛看着校长。

校长是前苏联著名的大教育家苏霍姆林斯基。对于摘花的孩子，苏霍姆林斯基并没有责骂，相反，听了苏珊的回答，他心里感到一丝震撼。这位伟大的教育家蹲下身子，牵着苏珊的小手来到花房里，又摘了两朵玫瑰花，对苏珊说："这两朵玫瑰花送给你。一朵是奖赏你的，你是个懂事的孩子。另一朵是送给你妈妈的，感谢她培养了一个你这样的好孩子。"

四、方法决定成败——教育是人生的助推器

苏霍姆林斯基是伟大的教育实践家和理论家，他既当校长，又做教师；既做科学研究，又做具体工作。他被誉为"教育思想泰斗"，他用毕生的经历告诉人们，真正的教育家是教育理论家与实践家的完美结合。

苏霍姆林斯基通过实践工作，提出了很多著名的教育理论，其中"个性全面和谐发展"的教育思想影响深远，意义重大。该思想认为，个性发展和全面和谐发展是一个相互关联的统一体，没有个性发展，就不能实现全面和谐发展。

苏霍姆林斯基与学生在一起

要实现人的全面发展，必须将人视为不可分割的整体，完整的个性是一切教育的最终目的。

首先，教育者应该善于发现并爱护个人的自信心和自尊感。在每一个学生面前，不管这个学生的智力如何、背景如何，教师都要打开他的精神发展的领域，使他可以在这一领域达到顶点。这就是教学的技巧，使学生显示自我，从自尊感中汲取力量，成为一个精神丰富的人。

其次，要实现个性全面和谐发展，必须深入改善教育过程，不要以分数取人，不要用一把尺衡量学生。教育应该把学生的特长、情感和知识学习结合起来，使每个学生的"闪光点"都能散发光彩。

再次，德育在个性全面发展的教育中占着主导地位。苏霍姆林斯基反对孤立教育，主张将德育、智育、体育、美育、劳动教育结合起来，从多个层次培养道德高尚的人。

小知识

卡尔·西奥多·雅斯贝尔斯(1883～1969)，德国存在主义哲学家、心理学家和教育家。他反对采用强迫的方法使学生学习，主张人文教育与自然科学教育相结合。主要著作有《大学的观念》、《什么是教育》等。

第一夫人积极投身于教育，体现了集体主义教育原则

集体主义教育原则是指，培养孩子先人后己或先公后私，一切以群众利益为根本出发点，个人利益服从集体利益，关心、爱护集体中每个成员的思想，这是德育的核心内容之一。

克鲁普斯卡娅是前苏联领袖列宁的夫人，她出生于彼得堡一个没落的贵族家庭。由于父亲过早去世，克鲁普斯卡娅一直与母亲相依为命。母亲曾经是一位教师，受其影响，克鲁普斯卡娅也深深地喜欢上了教师这个崇高的职业。

1891年，克鲁普斯卡娅终于如愿以偿在彼得堡郊区的工人夜校当了一名教师。在教课期间，她热情地向工人们宣传革命道理，讲解马克思、恩格斯的著作。这时，列宁也来到了彼得堡，相同的志愿和理想使他们很快成了亲密的伙伴和战友，随即克鲁普斯卡娅加入了列宁创建的"工人阶级解放斗争协会"。1896年，他们的行为遭到了与人民为敌的尼古拉二世的强烈不满，二人双双入狱，并同时被关押到西伯利亚米奴新斯克州的寿山村。至此，共同的命运把二人紧紧地联系在一起。

1917年，十月革命胜利，克鲁普斯卡娅先后在教育部担任副委员、委员等职务。后来成立了国家学术委员会，她担任主席，参与教学计划、教学大纲的编写，教科书的制订、编写等工作，全身心投入到教育事业中。

1922年，世界上第一个少先队组织诞生，这是一个由工人阶级政党领导的组织。当时全苏联人民正面临种种困难，在饥寒交迫的环境里，没有人有余力给这个刚刚诞生的组织设立一个标志。但是克鲁普斯卡娅却十分关心少年的成长，她一直想着为少先队设计一个标志，并向共青团提出这个建议。

不久，实现克鲁普斯卡娅愿望的机会来了。在一次接纳新队员的大会上，一位女工看到加入少先队的孩子们胸前没有任何标志，便解下了自己头上的三角红头巾，戴在一个新队员的脖子上，鲜红的头巾像一面旗帜顿时映红了孩子的脸庞。其他女工见此，也把自己的红头巾解下来，纷纷系到孩子们胸前，并勉励他们说："戴着它，不要玷污它，它和革命旗帜的颜色是一样的。"克鲁普斯卡娅听说这件事后，深受感动，就决定让红领巾作为少先队员的标志。

克鲁普斯卡娅身为第一夫人，始终关心青少年教育工作，这是值得肯定的。在

四、方法决定成败——教育是人生的助推器

克鲁普斯卡娅的教育思想中,集体主义教育的意义非同一般,她认为培养集体主义意识是教育的基础,是学习最重要的任务之一。她说:"儿童的个性只有在集体当中才能得到最充分、最全面的发展。学校应该充分发挥团队组织的作用,共同安排好儿童的集体生活,使他们在集体活动中逐渐意识到自己是集体的一部分,理解个人对集体的责任。"

下面我们来认识一下集体主义教育,看看它是否真的如此优越。

首先,什么是集体主义?集体主义是无产阶级世界观的内容之一,指的是一切言行以合乎无产阶级及广大人民群众集体利益为出发点,强调个人利益服从集体利益。集体主义是无产阶级革命的产物,是重要的精神力量。集体主义教育是教育家马卡连柯在教育流浪儿和犯过错误的青少年的实践活动中提出的。

集体主义教育曾经使马卡连柯取得了辉煌成就,也确定了集体主义教育的原则:对学生极大尊重与严格要求相统一;前景教育原则;平行影响原则。

集体主义教育指出,教育的任务是培养集体主义意识,因此不能把学生视为受训练的材料,而要把他们视为社会的成员、社会的参与者和财富创造者,对他们既要尊重,又要提出严格要求,达到两者统一。在进行集体主义教育时,应该不断向集体展示一个又一个前景,提出新的任务,然后引导集体为了实现新任务而不断努力,从而使集体在追求美好前景中不停地前进。

进行集体主义教育,教育者对集体和集体中的每个成员都是同时的、平行的。集体是教育工作的首要对象。

集体主义教育认为,劳动是教育的根本因素之一,是集体生活的重要组成部分,劳动与教育并行。

集体主义教育可以培养孩子先人后己,个人服从集体,关心爱护集体的思想,不失为德育的重要方法和内容。然而集体主义教育如果过分地强调牺牲自我,放弃个性,自然会扭曲人性发展,无法达到和谐全面发展。所以,集体主义教育的核心应该是"协调合作",在充分发挥个性优势的基础上,实现集体的整体进步。

小知识

娜杰日达·康斯坦丁诺夫娜·克鲁普斯卡娅(1869～1939),前苏联著名教育学家,列宁的夫人。她十分重视幼儿的学前教育,对苏联的学前教育事业和学前教育的理论发展都作出了重大贡献,主张建立实施综合技术教育的学校和充满社会主义精神的学校。主要著作有《国民教育与民主主义》、《苏联妇女》、《列宁回忆录》等。

快乐的拾穗者告诉子贡什么是永恒主义教育

永恒主义教育理论认为,过去的东西都是卓越的,宇宙、人性、知识和真、善、美都是不变的,值得向往的东西都是永恒的。

《列子》是我国古代一部重要著作,其中记载了很多颇有哲理的故事,有一个故事是这样的:

在晚春时节,天气已经转暖,大部分人都脱去了厚厚的棉衣,换上轻薄的春装,可是有位叫林类的隐士,在这样的天气里却依然穿着粗糙厚重的皮衣。他在田间一边走路一边歌唱,看起来似乎十分高兴,并不时蹲下身子拾取别人遗落的谷穗。

大圣人孔子带着众弟子出游,正好路过这里,他看到林类的穿着和表现,对众弟子说:"这是一位不平凡的老人,你们有谁愿意去向他请教呢?"

子贡主动站了出来,走到林类身边,疑惑地问道:"老人家,看您如此坦然地生活,我很想知道您有没有一些值得后悔的事情?"

林类并不理会子贡,依旧一边唱着歌曲,一边低头拾谷穗。

子贡只好追随林类,再三请教。

林类没有办法,反问一句:"我为什么要后悔?"

子贡赶紧说:"依我看,您年轻时没有努力学习,长大后又不肯勤奋工作,现在老了又孤身一人,没有妻子、儿女在身边照顾。在风烛残年之际,如此悲凉凄惨的生活现状,您内心一定不

《南山高隐图》

快乐。"

　　林类呵呵笑起来,他声音洪亮地说:"我快乐的理由人人都有,可是人们却把这些当做忧愁。正是因为我没有妻儿牵挂,现在死期将近,才不会悲伤啊!"

　　拾穗者告诉子贡,快乐是一种心态,一种境界,不受外界环境影响。这种以不变应万变的智慧,体现在教育学中,就是永恒主义教育理论。

　　1920年代,美国一些大学和学校的一群讲授经典著作的"不受约束"的年轻教师,自发形成了一个小团体,他们以赫钦斯、艾德勒、布坎南为核心,宣传自己的观点,发表了大量著述和研究,影响迅速扩大。这个小团体被人们称之为"名著仔",艾德勒觉得这个称呼不好,就提出"永恒主义者"一词,从此,永恒主义正式诞生。

　　永恒主义是一个传统的教育流派,也称为新古典主义教育。1950年代起,在英、法等国流行,法国的阿兰、英国的利文斯通,都作出过巨大贡献。

　　永恒主义者强调人性的基础是理性,只有以永恒的真、善、美为基础的理性文化,才可以稳定社会秩序。如果漠视这些理性文化,社会就会因为失去精神支柱而崩溃。永恒主义者极力推崇"永恒价值",在此基础上确立"复古式"课程标准,鼓吹好的教育可以使人认识真理,进而变得富有人性。

　　永恒主义推崇的教学方法是苏格拉底问答法和读书。在他们看来,苏格拉底的方法最能发展人性、实现理智训练。而"读书",就是与杰出人物、"名著"作者交流,可以给人理智的训练。

　　永恒主义教育流行一时,但究其根本,依然是保守的,因此随着社会急剧变化,很快遭到淘汰。不过,其合理的内容对我们今日的教育还是有启发作用的。特别是在这个浮躁的现代社会,阅读人类经典著作,对我们提高修养,深刻理解人类本质,会有很大的帮助。

小知识:

　　武训(1838～1896),我国近代群众办学的先驱者,享誉中外的贫民教育家、慈善家,"训"则是清廷嘉奖他行乞兴学时所赐。

不肯接受回头浪子忏悔的老方丈，必须接受批判教育

批判教育追求对传统教育的批判与"解放"，主张运用批判的理论和研究方法进行教育研究与分析。

老和尚非常喜欢自己身边那个悟性很高的弟子，决心将平生所学佛学全部教授给他，希望他将来能够成为一位最出色的佛家弟子。可是小和尚毕竟年纪太小，禁不起尘世的诱惑，在一个漆黑的夜晚，趁师父睡得正香，便偷偷溜下山去了。下山以后的小和尚，从此花天酒地，过着无拘无束、放浪形骸的日子。

时光荏苒，转眼二十载光阴付之流水，老和尚料定弟子此生不会再回头。他每天除了诵经、打坐之外，就是懊悔自己当初看走了眼，如今希望变成了失望，留下的只有叹息。

当初与师父不辞而别，此去经年，随着时光的流逝，小和尚在灯红酒绿生活的背后，经常感到一阵莫名的空虚。不由得时时想起远方的师父，想起与师父一起诵经、一起打坐、一起吃苦或开心的日子。夜色悄悄隐去，东方微白，新的一天已经开始，他决心告别现在的生活，回到师父的身边。

逃离与背叛，已经让师父对自己曾经挚爱的这个弟子没有了丝毫感情，当弟子再次跪在他面前祈求宽恕的时候，他面无表情地说了一句话："不是为师不肯原谅你，实在是你罪孽深重，佛祖无法原谅。如果要佛祖原谅的话，除非桌子上开花。"小和尚哀求未果，便怀着极度失望的心情离开了。

第二天，老和尚像往常一样来到佛堂，却惊奇地发现供桌上开满了大片的鲜花。这些鲜花像重锤敲击着他的心灵，带来一种不可名状的震撼，他随即下山去寻找弟子。等他再次见到弟子的时候，弟子又陷进荒淫无度的生活里了。回到庙里的老和尚当晚就圆寂了，临死前，他说了一句话："这世上，没有什么是不可以原谅的，也没有什么歧路是不可以回头的。"

不肯接受回头浪子的忏悔，看来老方丈需要了解和接受一下批判教育。

批判教育的基本方法是阶级分析，基本立场站在弱势群体这边，因此批判教育认为"教育应该是政治的"，把教育理解为在合法性前提下规范的政治活动。

由于批判教育的特色，自从产生至今，与其他学派之间有着千丝万缕的联系，

四、方法决定成败——教育是人生的助推器

可以说,批判教育的产生是必然的,但它的存在和发展,却必定不会一帆风顺。

批判教育学流派分为英美流派和德国流派,前者具有创新风格,后者具有保守性,且都被认为是教育领域中最具活力的竞争者。自从产生后,批判教育就在教育理论、课程、管理等方面进行了开创性研究。

"批判"并不等于"批评",更意味着要透过表面看到深处的含意,这需要思考、批判和分析。

小知识：

狄德罗(1713～1784),18世纪法国唯物主义哲学家、美学家、文学家、教育理论家、百科全书派代表人物、第一部法国《百科全书》主编。除了主编《百科全书》外,还撰写了大量著作,如《哲学思想录》、《对自然的解释》、《怀疑者漫步》、《论盲人书简》、《生理学的基础》、《拉摩的侄儿》等。

五、教育的成败关乎未来

——智慧闪耀的星空

五、教育的成败关乎未来——智慧闪耀的星空

写下目标、写下未来，体现了一般发展的教育思想

所谓教育思想，是指对人类特有的教育活动现象的一种理解和认知，这种理解和认知常常以某种方式加以组织并表达出来，其主旨是对教育实践产生影响。

每个人都有理想，每个人对未来也都有自己的打算，耶鲁大学的研究人员曾经针对学生将来的打算做过一个调查，他们首先向那些参与调查的学生提出一个问题："你们确认自己有理想和目标吗？"

学生们在思考片刻之后，有百分之十会回答自己有明确的理想和目标；接下来研究人员又向这百分之十的学生提出了第二个问题："如果有目标的话，那么你们会把它写下来吗？"

这些同学都面面相觑，然后默不作声，最后有百分之四的同学的回答是肯定的，他们说曾经认真地把自己将来的目标和计划写在本子上。

这是一项长久的调查计划，研究人员要求这些参与调查的学生留下自己的联络方式。二十年后，研究人员在世界各地遍访这些人的时候，发现当初在纸上写下理想和目标的人，现在都有了一定的成就。他们在事业上有傲人的业绩，同时生活也有条不紊。相较之下，那些没有明确目标的百分之九十的学生，他们的工作和生活就差很多，有的生活没有章法，有的许多年仍一事无成，非常失意。

在这次调查中，研究人员还发现了一个更有趣的现象，那些虽然也有自己的目标但是并没有把目标写在纸上的人一生也在忙忙碌碌，只不过他们一直都在不自觉或者下意识地为那些百分之四有着明确目标的人服务，帮助他们努力地实现人生价值。

人生是不断发展变化的过程，因此需要制订一定的思想来指导。在教育学中，教育思想也是贯穿始终的因素。

常见的教育思想表达形式，有教育理论、教育学说、教育思潮、教育经验、教育信条、教育主张、教育理想、教育言论、教育信念等等。不管哪种类型的教育思想，大体具有以下几种特征：

一、实践性和多样性；

二、历史性和社会性；

三、继承性和可借鉴性；

四、预见性和前瞻性。

教育思想的作用不容忽视，归纳起来主要有：

首先，教育思想有助于人们理智地认识教育，把握教育现实，使人们可以依据一定的教育思想从事教育实践。

其次，教育思想可以帮助人们认清教育工作中取得的成绩和存在的弊端，从而使教育工作扬长避短，更有起色。

再次，教育思想有助于人们合理地预测未来，预测教育发展趋势，制订教育发展的蓝图。

小知识

列·符·赞科夫(1901～1977)，前苏联著名的教育家、教育学家和心理学家。在长期的实验教学过程中，他提出了关于教学与发展问题的主导思想——"以最好的教学效果来达到学生最理想的发展水准"，并逐步形成了体现这一主导思想的五条"新教学原则"。主编出版了《教学中教师语言与直观方法相结合》、《教学中的直观性和调动学生的积极性》等著作。

五、教育的成败关乎未来——智慧闪耀的星空

揠苗助长违背科学主义教育的原理

科学教育思想，是西方近代教育发展进程中产生的一种教育思想和思潮，萌芽于16至17世纪，兴盛于19世纪。19世纪中后期，在欧美各国得到广泛传播，成为重要的教育思想之一。

古时候，宋国有一个农夫，看着别人每年种水稻，都有很好的收成，便也跟着人家学种水稻。买种、育苗、插秧，经过一番忙碌，稻苗终于种到田里了，看着绿油油的秧苗，农夫心想很快就能吃上香甜的稻米了，心里很高兴。

两天以后，他跑到田里，看到秧苗还像插秧时那样，基本上没有长高，到底要什么时候才能吃上稻米呢？他问邻居，邻居告诉他说："现在秧苗还小，等长到一定的高度就会开始结稻穗了，那时就能吃上稻米了。"

从那以后，农夫每天都到田里观察秧苗的长势。俗话说"欲速则不达"，几天过去了，几个礼拜过去了，秧苗并没有长高多少，农夫想，这要等到什么时候，不如我把它们都往上拉一拉，帮助它们长快一点。想到这里，他卷起裤管就下到田里去了，用了整整一下午的时间，把每株秧苗都拔高了许多。

回到家里，他累得筋疲力尽，却又兴高采烈地对妻子说："我们很快就可以吃到自己种的稻米了，因为我把每株秧苗都拔高了，它们很快就会结穗的。""你怎么这么性急呢？这样做违反了水稻的生长规律，水稻不仅不会结穗了，而且会全部死掉的。"妻子埋怨道。

农夫不信，第二天他满怀希望地跑到田里，一看傻眼了，所有的秧苗竟都死在田里了。

揠苗助长者不懂科学，自酿苦果。在教育学中，教育者如果不从科学理念出发，没有科学教育思想，采取揠苗助长的做法，也会损及学生的正常成长。

科学教育思想并非一朝产生，而是具有深厚的思想渊源。从古希腊时期到16世纪，两千多年的时间里先后出现过大量科学主义学说、主张，柏拉图、亚里士多德、蒙田等人在科学主义思想范畴中提出的教育理论数不胜数，构成了科学教育思想发展的历史基础。

到了16、17世纪，培根、笛卡儿、夸美纽斯和洛克等人，先后倡导进行自然科学知识教育，成为科学教育思想的真正先驱，他们的思想标志着科学教育思想的兴起。

随后,科学教育思想得到推广,到了18、19世纪相交之际,在康德、费希特,尤其是赫尔巴特的努力下,科学教育理论进一步体系化,进入全新发展阶段。康德等人提出了很多有意义的学说和见解,比如康德认为必须通过教育培养人的理性思维能力,使人具有独立思考的能力,进而避免盲从和轻信。

费希特指出教育以培养坚强的品行为宗旨,真正的教育是道德教育。他认为道德教育是提高智商的最重要方法。提高智商后,能够增长知识,发展技能,有效地促进心智,有助于理性发展。

赫尔巴特进一步论证知识教育与道德教育、审美教育之间的内在关联,探讨以知识教育为中心的教学过程和方法。他详细分析课程选择与编制的基本原理,阐明知识教育的理论依据。赫尔巴特的教育理论得到广泛传播,对欧美各国的近代教育产生深刻影响。

19世纪中叶,赫胥黎和斯宾塞的教育思想的发表,使科学教育思想发生了明显变化,从此进入一个新的阶段。

斯宾塞的教育思想强调功利主义,认为在科技社会,只有科学才能帮助个人幸福和社会进步,所以他主张以科学作为课程体系的核心,用科学统治学校。

赫胥黎同样强调科学教育,但他主张把科学教育与人文学科相结合。

不管怎么说,科学教育思想的产生和发展,是适应社会发展的客观产物,对教育具有普遍指导意义,影响了学校教育课程设置和教学内容,推动了欧美各国课程改革。所以,科学思想教育对近代教育起到了巨大的促进作用。

小知识

让·巴普蒂斯特·拉马克(1744～1829),法国博物学家、教育家,生物学伟大的奠基者之一。"生物学"一词是他提出的,并最先提出生物进化的学说。主要著作有《法国全境植物志》《无脊椎动物的系统》《动物学哲学》等。

五、教育的成败关乎未来——智慧闪耀的星空

傅立叶的空想社会主义，扩大了教育的社会功能

　　教育的社会功能具有双向性。以往对教育功能的研究多集中在正向功能上，而忽视负向功能，对这一领域做出开拓性研究的是美国社会学家默顿，他首次提出负向功能论，并进行深入探究。

　　傅立叶是法国空想社会主义者，曾编写《关于四种运动和普遍命运的理论》、《普遍统一论》、《新的工业世界和协作的世界》等著作，他的空想社会主义学说和圣西门、欧文的空想社会主义学说一起，为马克思的科学共产主义学说提供了宝贵的素材，成为马克思学说的重要思想来源之一。

　　傅立叶的父亲是一个商人，在傅立叶读中学的时候不幸去世了。傅立叶便遵循了父亲的遗嘱也做了商人，利用父亲留下的遗产在里昂开了一家商店。

　　天有不测风云，就在傅立叶的事业刚刚起步的第二年，便遭遇了一场叛乱。在法国大革命进行中，吉伦特派与雅各宾派之间发生了战争，战争的硝烟弥漫了城市与乡村，很快雅各宾派攻克里昂，傅立叶也随之锒铛入狱。

　　和所有的人一样，傅立叶也渴望一种和平的生存环境，但无情的战争打破了傅立叶宁静的生活。他对战争的态度也由冷漠转为极度的愤恨与反对，凭着自己对美好生活的渴望与幻想，傅立叶先后发表了《全世界和谐》、《四种运动论》、《新世界》等著作。在这些著作里，有对资本主义制度假、恶、丑的揭露，更有对和谐社会的无限盼望，在傅立叶的思想里，真、善、美的世界完全

法国大革命

可以替代假、恶、丑。

傅立叶为建构的理想社会命名叫"法朗吉"。"法朗吉"是一个理想社会的基层组织，这个组织有一千多人参加，首领由大家选举产生，然后再由他们组织人员参加劳动生产。这个组织最突出的思想就是城乡之间和工农之间没有差别，男女平等，同工同酬，按劳分配，并且所有的成员可以接受免费教育。

在最初的推广实践中，傅立叶的这个构想并没有得到整个社会以及广大民众的认可，尤其是在1830年代，他的实验屡遭失败。后来，傅立叶的门徒们加大了宣传力度，并且把这个实验转移到了美国，在美国建立了四十多个"法朗吉"，可是结果仍然不理想。

1837年10月9日，傅立叶带着一种忧虑与失望，在与两位门徒进行了一番推心置腹的谈话以后，于次日一早，悄悄地离开了这个世界。

一场梦想一场空，傅立叶的理想社会被称为"傅立叶空想"，其中关于免费教育的问题，现在看来依然不容易实现。在傅立叶的观念中，教育的作用十分强大，他幻想通过教育和宣传就能建立"法朗吉"，显然扩大了教育的社会功能。

任何教育都有一定的社会功能，只不过性质和强度有所不同。我们这里说的教育是指"学校教育"，功能指的是"客观结果"。按照教育对其社会生存而言，有贡献性也有损害性，有贡献的属于正向功能，有损害的属于负向功能。

"正向和负向"并不等于"肯定和否定"，不具有价值判断色彩。因为这是观察者以社会系统自身维持的需要为参照。比如为了维持落后的社会样貌进行的传统教育，是正向的，但不值得肯定。

在具体表现上，教育的社会功能涉及广泛，包括人口、政治、经济和文化等各个方面。

比如教育可以改善人口质量、提高民族素质，能够促进政治民主化，可以促进经济发展，可以促进文化延续和发展等等。然而教育不是万能的，自然有其负向功能，比如过分强调教育的国家，千方百计把人培养成国家公民、建设者、民族文化传承者，势必会压抑人性，忽视个性，造成无法弥补的损失。

小知识

文翁（前156～前101），西汉时期教育学家。汉景帝时任蜀郡太守，在此期间，倡导教化，教民读书，学法令，选拔郡县小吏十人到京都研习儒经。在成都城中设立学校，选官吏子弟入学，重视对学生从政能力的培养。文翁兴学实为中国历史上地方政府设立学校之始，对社会风气的形成也有重要意义。

五、教育的成败关乎未来——智慧闪耀的星空

从"楚娃学齐语"到名著《学记》，揭示最早的教育学理论

教育理论是教育思想的一种表现形式，是通过一系列教育概念、教育判断或命题，借助一定推理形式，而后构成的关于教育问题的系统性陈述。所以说，教育理论是教育思想的一种高级表现形式。

儒家思想的代表人物孟子，曾经给他的学生们讲过这样一个故事：有一个楚国人，想让儿子学习齐国的语言，所以就不辞辛苦从齐国请来一位老师。老师虽然教得很认真，但是这个孩子却怎么也学不会，父亲以为孩子不好好学，就用鞭子抽他，可是依然收效甚微。

"那该怎么办呢？"学生不免担忧地问孟子。

孟子说："齐国的语言在楚国没有生存环境，这个孩子无论如何也学不会齐语，因为大家都在说楚语，如果把他送到齐国，在商贸繁华的地方住上几年，耳濡目染，这个孩子自然而然就会说齐国话了。"

"那结果呢？"学生追问。

"这个孩子在齐国学会了齐语，可是他却把楚国话又忘记了，任凭父亲用鞭子抽，他也不会说楚国话。"孟子回答。

环境造就人，孟子的这则寓言故事"楚娃学齐语"，反映着一个独特的教育观，同时也深深影响着他的学生们。据说最早的教育学著作《学记》就是他的学生乐正克编写的。

从孟子的教育观到《学记》，我们看到古代教育理论的发展状况。《学记》是世界上最早的一部专门论述教育、教学问题的论著，系统

孟子故居

164

而全面地阐述了教育的目的和作用，以及教育与教学的制度、原则、方法，还讲到了教师的作用、师生关系等问题。《学记》重视启发式教学，提倡"教学相长"、因材施教。在今天看来，很多观点和方法都是值得肯定和发扬的，在教育理论中占重要地位。

一般认为，教育理论具有以下三个特点：

一、教育理论包含具体的构成成分，分别为教育概念、教育命题和一定的推理方式。任何理论必须经由概念、判断或命题等基本思维形式构成，所以教育理论也不例外，如果没有教育概念、教育命题，只是对某些教育现象进行描述，哪怕是系统的描述，也不是教育理论。

二、教育理论是对某些教育现象或者教育事实的抽象性概括。理论超越事实和经验，所以教育理论在形式表达上虽然只是一种陈述体系，但是在内容上，它是浓缩的，是概括的，不是对教育现象和事实的直接复制，而是一种间接的抽象反映。

三、教育理论必须是系统的，不是单个的教育概念或者教育命题。如果不借助一定的逻辑形式，没有一定的系统性，再好的教育概念和教育命题都不能构成教育理论。即使这个概念或命题是对教育现象和事实的概括反映，也只是一种零散的教育观念，是一种初级形式的教育思想。

小知识

格奥尔格·齐美尔（1858~1918），德国社会学家、教育家、哲学家。提出冲突的存在和作用，对冲突理论起了很大的促进作用，同时还对文化社会学有突出贡献。著有《历史哲学问题》、《道德科学引论：伦理学基本概念的批判》等。

五、教育的成败关乎未来——智慧闪耀的星空

享誉全球的《爱弥儿》，倡导自然主义教育思想

自然教育论认为，儿童的身心发展有着自然规律，教育应当顺应儿童的天性，遵循和尊重这些自然规律，不能与其对抗。否则，教育会失败。

卢梭出生在瑞士一个钟表匠家庭，母亲在生他的时候因为难产而去世，是姑妈和父亲把他带大的。

与父亲相依为命的日子让卢梭感到了生命的珍贵，因为母亲去世后给他们留下了很多小说，卢梭经常跟父亲一起看书到深夜。那些书籍给了幼小的卢梭很大启迪，渐渐地，卢梭养成了爱读书的习惯。那些书以及剧本中的历史人物潜移默化地影响着卢梭的思想和精神，同时也为他奠定了良好的人生价值观。

充实而略带伤感的童年很快就结束了，为了谋生，十三岁的卢梭被送到一个律师那里当书记员。书记员的工作不仅繁重而且枯燥乏味，不仅如此，他每天还要忍受指责和辱骂。工作了不久，他就辞去了这份工作，转到了一个雕刻匠那里学习雕刻。

卢梭很喜欢绘画，加上他又觉得雕刻是一个很有趣的职业，所以也就安下心来跟着师父做了起来。一次，他在应朋友之约雕刻一个骑士勋章的时候被师父发现了，师父误以为他在雕刻假币，不听任何辩解就将卢梭痛打了一顿。学徒生涯不仅没给卢梭带来一丝快乐，而且让他饱受了社会的摧残与折磨，在他对雕刻失去了最后的一点耐心之后，便离开了故乡出去闯荡。

离开故乡的卢梭，像挣脱了牢笼的鸟儿，大自然的风光和浪漫的田园生活让他陶醉，同时在大自然中他也领悟了许多人生的哲理，更进一步提高了人生观与价值观。在他看来，这是很难在书本中学到的东西，他把这种情绪诉诸笔端，流露在自己的文章里。

1757年，卢梭完成了一本以教育制度为题材的著作《爱弥儿》。在书里，卢梭以一个假设的人物爱弥儿为例，鞭挞了当时封建的教育制度，提倡教育应该从自然的人性观出发。因为人生来是自由、平等的，在自然的状态下，每个人都应该享有正当的权利。在这本书里，他这样写道："人性本善，教育应顺应儿童的内在欲望而行动，不必加以干涉。一旦受了社会的干涉，儿童极易产生不自由、不平等，甚至产生罪恶。"

享誉全球的《爱弥儿》，倡导自然主义教育思想

卢梭主张和推崇人性化的教育方式，在儿童对社会意识形态尚未认识之前，尽量让他们远离社会，到自然中去倾听、领悟，最自然的教育方式才是最好的教育方式。

卢梭是西方教育史上具有划时代意义的人物，他在《爱弥儿》中倡导的自然教育论及其思想，使教育发展方向发生根本转变，对后世教育影响深远。

自然主义教育论萌发于古希腊哲学家的思想中，柏拉图、亚里士多德都曾提出过一定的看法，后来夸美纽斯在《大教学论》中抨击学校教育违背自然，认为教育应该适应自然，合乎自然秩序。

在法国巴黎的先贤祠中，卢梭棺木的侧面上写着"自由的奠基人"

文艺复兴时期，受"天赋人权"、"人人生而平等"等思想影响，卢梭再次提出自然教育论，并对传统教育进行猛烈抨击。他要求重视儿童个性，了解儿童本性，教育必须适应儿童天性的自然发展。

随后，瑞士著名教育家裴斯泰洛齐继承并发展了卢梭的自然教育论，提出了"教育心理化"的概念，裴氏的弟子福禄贝尔是自然教育论的继承者。

受卢梭和裴斯泰洛齐的影响，19世纪德国著名的资产阶级民主教育家第斯多惠也接受了自然教育论，并进一步发展，把"遵循自然"的教育原则列在教育的首位。他说："教育必须符合人的天性及其发展的规律，这是任何教学首要的最高的规律。"至此，自然主义教育论达到巅峰状态。到了19世纪下半叶，随着心理学的发展，自然主义教育论有了新发展，关于自然适应性问题成为心理学家的重要论题。

小知识

王充（27～约97），东汉时期唯物主义哲学家、教育学家。他从人性可以改变的观点出发，认为人的知识、才能、道德品格都是在教育和环境的影响下形成和改变的，并把礼、乐、射、御等作为主要的教育内容，提出学习必须靠耳、目感觉器官获得，开动脑筋进行理性思考。他批判了封建神学，提出了一些唯物主义的教育思想主张。主要著作有《论衡》、《讥俗》、《政务》、《养性》等。

五、教育的成败关乎未来——智慧闪耀的星空

洛克的"白板"理论，建构完整的绅士教育理论体系

"绅士教育"认为，绅士是活跃于英国上流社会和政治舞台的人物，他们既有贵族风度，又有事业家的进取精神，是资产阶级经济发展的实干人才。所以，绅士应该受到体育、德育和智育等方面的教育。

洛克的全名叫约翰·洛克，出生在英国，内战发生后曾是议会军队一员，参加战斗，父亲是一个清教徒。洛克从小就接受了一套非常严格的教育，1646年，他又被转送到威斯敏斯特学校接受传统的古典文学的基础训练。

1652年洛克开始从政，在这期间他到牛津大学学习并居住了十五年。就是在牛津居住期间，洛克对牛津的经院哲学产生了反感。他喜欢被称为"现代哲学之父"的笛卡儿的哲学以及自然科学，正是由于洛克的这种思想观点遭到了当局的强烈排斥，他便决定放弃哲学而改行做医学研究。

可是洛克依旧迷恋笛卡儿的哲学研究，1666年，他有幸结识了莎夫兹伯里伯爵，在做伯爵助手的几年里，他又开始了《人类理解论》的写作。从1682到1688这几年，是洛克命运最坎坷的几年，也是他卓有成就的几年。在这几年里，他跟随莎夫兹伯里伯爵到了荷兰，随着伯爵的离世，洛克也开始了隐居的生活。在隐居期间，他完成了包括《人类理解论》等在内的几部重要的著作。

"白板说"是洛克倡导的主要哲学思想，他逐渐摒弃了笛卡儿的"天赋说"，开始认为一个人的心灵在最初的时候只是一张白纸，没有任何印记，所有的知识和理性都源于后天对社会的认知和理解。而这种认知和理解又分为两种，一种来自于外在的刺激，另一种来自于内在的反省。观念也分为两种，一是简单的观念，是受到外界的刺激再加上自我反省之后直接产生的；另一种是复杂的观念，是由很多简单的观念累积而成的。简单观念

正在给瑞典女王讲课的笛卡儿

的形成,其实就是分析一个人与外物之间相互作用的关系,这种认知是这两者在共同作用的时候形成的,可是在这两者之间,哪一个占主动位置呢?

洛克认为人的心灵并没有构成任何思想观念的能力,所有的认知都是通过外物的刺激产生的,就像一面镜子,不能选择、不能改变也不能拒绝各种外物在它面前所产生的影像。在长期的作用下,他逐渐被吸引、被影响,进而形成了自己的观念。

"白板说"是洛克建构绅士教育理论的基石。洛克在《教育漫话》中提出"绅士教育",认为绅士是活跃于英国上流社会和政治舞台的人物,他们既有贵族风度,又有事业家的进取精神,是资产阶级发展经济的实干人才。绅士应该受到体育、德育和智育等方面的教育。

洛克提出了一系列将儿童训练成为"绅士"的教育方法和内容。

一、健康教育。洛克认为健康的体魄是一个绅士必备的条件,是个人幸福和事业的基础。在这一点上,他开创先河,是第一个提出并制订健康教育计划的人。为了健康教育,他反对娇生惯养,主张孩子应接受各种训练,如穿着不要太暖、用冷水洗脚、露天生活、饮食清淡、睡硬板床等。

二、道德教育。洛克认为德行在绅士应该具备的品行中占首要位置,他认为绅士应该具有理智、礼仪、智慧、勇敢、公正等品德。为了培养良好品德,洛克提出很多具体办法,比如不要把别人的东西据为己有、乐于施舍、讲求礼貌、与有德行的人交往等。

三、知识教育。洛克为绅士教育安排了广泛的教学内容,他认为绅士应该具备事业家的知识,所以除了读、写、算的基本知识外,还要学习天文、地理、历史、法律等,在这些科目中,法律尤为重要。除了书本知识,洛克还强调绅士应该学会消遣性知识,比如舞蹈、雕刻、园艺等。

绅士教育计划虽然是针对上层社会子弟,以聘请家庭教师的方式进行,但是这种教育的有些方法和内容,在现今教育普及化和民主化的潮流下,依然具有现实意义。比如健康教育,对今天的家长和孩子来说,就有很好的警示作用。

小知识

王安石(1021～1086),北宋文学家、思想家、教育学家。他认为教育的目的,是要造就可以成为天下国家之用的治国人才,强调封建伦理道德的修养,重视培养从事实际工作的能力和才干。他对科举制度和学校制度进行了一系列改革,影响深远。其教育思想可以从《上仁宗皇帝言事书》、《原教》、《伤仲永》、《慈溪县学记》等文章中得到体现。

五、教育的成败关乎未来——智慧闪耀的星空

拯救孤儿的勇气让裴斯泰洛齐提出著名的要素教育思想

要素教育理论的基本含意是,教育过程应该从一些最简单的、儿童可以理解并接受的"要素"开始,然后逐渐增加更为复杂的"要素",来促进儿童各种天赋能力的全面和谐发展。

裴斯泰洛齐是瑞士杰出的教育家,提倡仁爱的教育方式。

童年的裴斯泰洛齐很不幸,父亲太早离开人世,靠母亲从早到晚拼命工作,才得以维持这个贫困潦倒的家庭。裴斯泰洛齐从小就有责任感,一次在学校上课的时候,突然发生了地震,所有的孩子都争先恐后地往外跑,唯独裴斯泰洛齐,在跑出去的时候手里还抱着一大堆同学们的衣物和文具。

上学的时候,裴斯泰洛齐经常利用假期看望做牧师的爷爷,也常跟着爷爷去附近的那些人家讲道。那些人家有穷、有富,穷人家的孩子不仅不能上学,而且连生活都难以维持,长期的饥饿导致他们颧骨高耸,眼窝深陷。从他们呆滞的目光中,就可以看出他们对生活基本上没有什么渴望和信心,从某种意义上来说,他们甚至失去了做人最起码的尊严。

要想脱离贫困,最好的办法就是让孩子们走进学校去上学,用爱心唤醒他们的尊严,用教育唤醒他们的沉沦,使其改变贫困的现状。那时候的裴斯泰洛齐就暗下决心,等长大以后,要尽自己最大的能力帮助那些贫困的孩子,让他们走进学堂接受正常的教育,恢复正常人的生活。

富家女安娜被裴斯泰洛齐高贵的品格所感动,深深地爱上了这个有志气的年轻人。不过,裴斯泰洛齐并没有为女友万贯的财富所倾倒,反而还给未婚妻写过这样一封信,信的大体内容是:"如果我的朋友遭遇了不幸,我会像自己遭遇不幸一样难过;如果我的国家遭遇了不幸,我会随时准备奉献自己的一切;如果你爱我,就不要用泪水阻拦我。"

1774年冬天,当时家境还相当贫困的裴斯泰洛齐成立了第一所贫民学校,收纳了十八个流浪儿。裴斯泰洛齐每天跟他们一起学习、劳动、谈心、同吃同住,逐渐

使他们恢复了活泼的本性。

随着贫民学校的逐渐扩大，裴斯泰洛齐的生活也日渐陷入了窘迫。给孩子们安排住宿、买新衣服、增加营养，在把这些小乞丐从贫困的边缘拉回来的时候，裴斯泰洛齐自己却成了一个衣不遮体、食不果腹的老乞丐。

艰难的办学过程并没有难倒裴斯泰洛齐，相反，在实践中，他总结出了很多卓有见地的教育学理论，对教育学发展产生了重要影响。其中"教育心理化"和要素教育，代表他的教育学思想体系的重心。

裴斯泰洛齐——慈爱的儿童之父

裴斯泰洛齐认为，各种教育、教学中，都存在着一些最简单的要素，必须从这些简单的要素开始，逐步转移到复杂的要素，才能保证人的和谐发展。那么在裴斯泰洛齐看来，全面和谐发展的内涵是什么呢？

裴斯泰洛齐认为，和谐发展是教育的目的，这种教育思想以人性论为理论根据。

首先，人的天赋本性具有均衡性和统一性，所以教育的目的就是完整的人的发展。

其次，人的动物本性是自然的产物，因此，教育不仅促进了个人的发展与完善，还推动了社会和人类的进步完善。人与社会是相互结合的，不是对立的。

裴斯泰洛齐分析了要素理论中的各种基本要素：

一、体育。体育中最简单的要素是运动能力，表现为搬、推、捡等基本动作。这是由人的天赋能力本身所决定的，是体育的基础。通过这些基本动作，可以构成各种复杂的动作，进而发展和增进儿童的一切身体能力，提高身体力量的技巧。

二、劳动教育。劳动教育中最简单的要素是身体的操练，从操练中，可以使人培养劳动精神、技能和习惯，进而做到自力更生，和谐发展。

三、德育。德育的最简单要素是"母爱"。当婴儿得到母亲的关照，爱和信任的情感就在心中萌生和发芽。从对母亲的爱，逐渐扩大至亲朋好友的身上，然后发展

五、教育的成败关乎未来——智慧闪耀的星空

到其他人,随着爱的范围扩大,一个人的道德力量逐步形成。

四、智育。智育的最简单要素是数目、形状和语言。从这三个基本要素入手,帮助儿童认识事物,感性地去获得一定知识,并发展智力。

要素教育是对初等教育新方法的研究和实验的成果,这一成果为后世提供了宝贵的经验。

小知识

李贽(1527~1602),明朝末年思想家、文学家、教育学家。他反对举功业、求名利的学习目的,提倡"关心天下百姓痛痒"、"治天下"的学习目的,既注重为学,也重视为人。李以"童心说"揭露理学教育对人民的毒害,提倡"因材而笃"的教育观点。主要著作有《藏书》、《续藏书》、《焚书》等。

博学的秀才买不来木柴，泰勒原理诞生

泰勒原理由以下基本问题构成：确定教育目标，学校应该试图达到什么教育目标？选择教育经验，即学习提供什么教育经验最有可能达到这些目标？组织教育经验，学校如何有效组织这些教育经验？评价教育经验，即如何确定这些目标正在实现过程中？

从前有一个秀才，学富五车，才高八斗，每天把自己关在家里，大门不出二门不迈，只顾钻研学问。

这天，妻子交代说："家里的木柴没有了，你去市集上买些回来。"

秀才听了便来到市集，正好不远处有个卖柴的，便喊道："荷薪者过来。"

那卖柴的不懂什么叫"荷薪者"，但是看看周围又没有其他人，便挑着木柴走了过来。

把柴放下，又听到秀才问道："其价如何？"

卖柴的哪里听得懂什么是"其价"，不过他听到秀才说了个"价"字，便猜到秀才大概是在询问价格，就说："十文钱一担。"

这时秀才看了看木柴又说："外实而内虚，烟多而焰少，请损之。"

秀才的意思是说，这木柴看起来好像是很干，但是里面是湿的，这样点起火来会冒烟，火苗很少，不如卖便宜一些。

可是卖柴的根本没听懂秀才的话，他以为秀才没有相中木柴，就挑起担子到别处卖去了。

迂腐的秀才买不到柴火，真可谓"百无一用是书生"，造成这种局面的原因在于秀才没有明确的学习目的，单纯把知识理解为知识，而不懂得学以致用。针对教育中普遍存在的理论与实践脱节现象，美国当代著名课程和评价专家泰勒先生，经过八年研究课程实验，提出了著名的泰勒原理，因此被称为"课程理论之父"、"教育评价之父"、"行为目标之父"。

他将课程编制分为了以下步骤：

首先，确定教育目标。教育目标是非常关键的，应该从学生的需要、社会的需要、学科专家的建议等多方面加以考虑。然后通过教育哲学和学习理论筛选已经

五、教育的成败关乎未来——智慧闪耀的星空

选出来的目标。同时还要将教育目标进行陈述。每一个目标包括行为和内容两部分，这样可以明确教育职责。教育目标是有意识地想要达到的目的，是期望实现的结果，是选择材料、策划内容、设定教学程序，以及制订测验和考试的准则。

其次，选择学习经验。"学习经验"不是某个学科的内容，也不是某个学科的活动，而是学生与外部环境的相互作用。选择学习经验，有五个方面原则：学生必须具有实践教育目标所隐含的那种行为的经验；学习经验应该给予学生满足感；学习经验应该在学生能力范围之内；许多特定的经验可以达到同样的教育目标；同样的学习经验可以产生几种不同结果。学生不是被动接受知识的容器，而是积极的参与者。

再次，组织学习经验。组织学习经验时要做到三点：连续性、顺序性、整合性。连续性是指应该直线式地陈述主要的课程要素；顺序性是指每一学习经验都要以前面的经验为基础，并对相关内容进行更深入、广泛地开展；整合性是指将各种学习经验进行横向联结，以便学生获得统一的观点，将个人行为和所学课程内容融会贯通。

最后，评价教育结果。评价是检查学习经验实际上带来的预期结果，全面检验学习经验的作用。评价的次数最少为两次，一次是教育计划早期，一次在后期，以对照这个期间内的变化。评价结果，不能只是单一的分数，或者描述性术语，而要是反映学生状况的剖析图。所以，评价是教师、学生和相关人士了解教学成效的方式和途径。

小知识

帕克（1839～1902），美国教育学家，美国进步教育运动的倡导人之一，被誉为"进步教育之父"。他提出了"昆西教学法"理论，引起许多国家的注意，同时形成了一系列关于儿童发展的理论。他主张把艺术活动和手工劳动介绍到学校中，认为学校的一切课程应该尽可能地建立在社会实践的基础之上，从儿童的兴趣出发，同时对教师也提出了要求。主要著作有《关于教育学的谈话》、《谈教学方法》、《怎样学习地理》等。

女医生蒙特梭利的自由
——蒙氏教育法

蒙氏教育的原则是，以儿童为主，为孩子提供充分的教材，教师处于协助地位，父母是儿童教育的关键，反对注入式教学。

蒙特梭利出生在意大利安科纳地区的一个小镇上，良好的家庭教育赋予了她从小就懂得关心和体贴别人、善良而坚韧的性格。参加工作以后，蒙特梭利热心致力于儿童早期的启蒙教育，特别是一些智障儿童的教育，她把自己的一生都奉献给了儿童教育事业。

从罗马大学医科大学毕业以后，蒙特梭利就留在罗马大学精神病诊所担任助理医师。在这里，她接触到了很多低能儿，治疗他们和提高他们生活的能力是蒙特梭利的工作。

在长期细致而耐心的观察中，蒙特梭利发现，这些儿童除了吃饭以外，他们还会在屋子里寻找可以抓住的东西。如果给他们一样东西的话，他们会紧紧地握在手里。长期从事儿童神经研究的蒙特梭利，知道双手的运作会对大脑的发育产生积极的作用，她由此断定，要想有效开发低能儿的智力，仅靠药物治疗是起不到什么效果的，更重要的是对他们进行肢体运动能力方面的诱导和教育。

为了更有效地提高低能儿的智力，蒙特梭利不仅为他们每个人都制作了一套运动锻炼的工具，而且还拿出大量的时间跟他们在一起，观察他们的言行，做分析、记录，以便能够找到更合适的教育办法。在蒙特梭利的教育下，那些低能儿不仅会读书、写字，而且还通过了为正常儿童举行的公共考试。

从考试的结果来看，低能儿的成绩并不比正常儿童差，这即是通过合适的教育得来的。那么正常儿童的智商为什么没有表现得比低能儿更突出呢？是对他们的教育不当还是贻误了时机？

带着这个课题，蒙特梭利又重新回到了罗马大学，从学生做起，开始有系统地学习生物科学、实验心理学、正常教育学、教育人类学等有关学科，进而探索出一套人类生命发展的自然规律。针对这些规律，她又研究出一套人性化的切实可行的教育措施。经过一点点的累积和实践，她的这套思想和教育方式已逐渐成熟，同时也得到了广泛的认可。

五、教育的成败关乎未来——智慧闪耀的星空

蒙特梭利和孩子们在一起

1907年，蒙特梭利在罗马贫民区建立"儿童之家"，招收三至六岁的儿童，运用自己独创的方法进行教学，取得了惊人效果。这些平凡、贫寒的孩子，经过几年教育后，变成了聪明自信的少年英才。蒙特梭利的教学轰动欧洲乃至整个世界，此后，仿照蒙特梭利的模式建立的"儿童之家"遍及各地。

蒙特梭利教育模式的基本特点如下：

一、以儿童为中心，将儿童视为有别于成人的独立个体，反对以成人为主的教学。

二、主张以日常生活训练，配合良好的学习环境、丰富的教材，为教学主要形式，鼓励儿童自发、自动地学习，主动建构自己完善的人格。

三、把握儿童敏感期，根据敏感期学习特征进行教育，获得最大学习效果。

四、教师在教学中是协助者，应该深刻认识和了解孩子的心灵世界，对孩子的状况了如指掌，以便为孩子提供适时适性的协助和指导。

五、幼儿教育的目的是协助孩子正常化，帮助完成人格的培养。

六、尊重孩子的成长步调。蒙氏教育没有课程表和上下课时间，使孩子能够专注地做自己想做的事，发展内在需要。

七、主张混龄教学，让不同年龄的孩子在一起，互相模仿、学习，养成乐于助人、关心别人的良好社会行为。在蒙氏教学中，教室是一个小小的社会，孩子在其中要学会尊重别人,与人相处。

八、教材丰富多彩。教材不是训练工具,而是孩子"工作"的材料,孩子在重复"工作"中,会培养完善的人格。

九、反对奖惩制度,因为奖惩会挫伤孩子的尊严。蒙氏教育的独特魅力影响深远,因对儿童充分的研究与了解,主张"自由发展",为孩子的成长打下良好的素质基础。近百年来蒙氏教育推广取得丰硕成果,其理论也不断完善和发展,如今蒙氏学校已经遍及一百多个国家,在欧美等发达国家尤受重视。

小知识

威廉·冯·洪堡(1767~1835),德国教育学家、哲学家,在教育史上第一个提出大学的教学应当与科研相结合的思想。他主要的教育思想是:人人都应受教育;把教育分成初等教育、学校教育(即中等教育)和大学教育;教学内容多样,以语言和想象为教学方法。主要著作有《关于人的教育理论》、《柯尼斯堡教育计划》、《立陶宛教育计划》和《柏林高等学术机构的内外组织问题》等。

五、教育的成败关乎未来——智慧闪耀的星空

从斯宾塞的快乐教育法到主知主义教育思想

快乐教育的目的是全面提高学生素质，教会学生做人，让每个孩子在幸福快乐的童年生活中，德、智、体、美得到全面发展。换句话说，快乐教育就是教会人们用改善心态来获取快乐、体会快乐，并提高生活质量。

一个风和日丽的日子，老师带着学生们外出郊游。他们来到河边，这里风光秀丽，鸟语花香，真是大自然赋予人类的一块瑰宝。孩子们尽情地玩耍着，有的跑来跑去做游戏，有的蹲在地上一动也不动地研究小昆虫，还有的在河边扔石子比赛，看看谁打出的水花最多。

老师自始至终默默地站在远处的树下，满脸笑意地欣赏着自己的学生，仿佛他们的欢乐感染了自己，让他感到身心愉快。

快到中午了，老师抬头望望河对岸的教堂，看着教堂上肃穆庄严的十字架，忽然召集学生们说："大家注意，我有事情要跟大家商量。"

玩乐的孩子陆续来到老师身边，叽叽喳喳地问："什么事？是不是要吃午饭了？"

老师没有回答，而是把他们分成两组，然后分别进行了秘密安排。他悄悄对第一组的孩子说："你们看见那边的教堂了吗？教堂里正在举行婚礼，等会儿我发出口令，你们就跑到教堂去，先跑到的孩子会得到小糖果。"

这组孩子听了，高兴地站在一旁等候。

老师又来到另一组孩子身边，对他们说："一会儿我发出口令，你们就全速往教堂那边跑，越快越好，明白吗？谁落后谁会受到惩罚。"

安排完毕，老师发出了统一口令，两组孩子听到后，都拔腿狂奔。从河边到教堂可不是一段短路程，孩子们年纪小，跑了一会儿就有些吃力了。不过第一组的孩子们明显快得多，而且全部坚持到了最后。当他们到达教堂后，一个个满脸兴奋，像是赢得了什么荣誉。而第二组的孩子们呢？跑着跑着，有的脱队了，有的干脆跑了一半就停下来。由于停下来的孩子越来越多，他们也就不怕惩罚了。

这是一个真实的故事，是一位教育家进行的科学实验，这位教育家就是斯宾塞。斯宾塞是科学主义教育思想的代表人物，也是快乐教育法最早的宣导者。

从斯宾塞的快乐教育法到主知主义教育思想

斯宾塞认为,最好的教育本质上都是快乐的。快乐教育是素质教育的前提,是一种赏识教育,也与成功教育密不可分。快乐教育的内容很广泛,主要有以下方面:

一、用兴趣引导学生快乐学习。不管什么样的兴趣,对孩子的求知来说都是有价值的。

二、适当引导孩子的好胜心,帮助孩子正确面对挫折。

三、保护和激发孩子的好奇心。

四、以培养孩子的兴趣、融洽亲子关系等方法,培养孩子乐观快乐的心态,学会调整心态。

五、参与孩子的活动,与孩子共同游戏。

六、善于倾听孩子的心声,激发孩子的自信心。

进行快乐教育,要避免一些禁忌,比如使用粗暴尖刻的语言、过分地批评孩子、冷漠和麻木地对待孩子、伤害孩子的自尊心、要求孩子十全十美等。教育者应该多一些宽容和等待,少一些苛刻和斥责,给孩子创造一个积极、愉悦、主动的心境。

快乐教育法的出现和发展,与19世纪普遍流行的主知主义教育思想有关,主知主义是一种具有特殊规定性的教育思想,是工业革命后科技迅速发展的结果。主张这种教育法的代表人物有赫尔巴特、洛克、斯宾塞、狄德罗、裴斯泰洛齐等人。他们强调知识、智能和理性的价值,主张把传授知识和发展理智作为教育的目的。在他们看来,知识与道德、审美都密不可分。

赫尔巴特的统觉理论就是这时提出的,他认为兴趣是实现统领作用的基本条件,决定着人的智力活动。所以他说教学的目的就是培养多方面的兴趣,这一点与斯宾塞的快乐教育法十分相似。

小知识

黄宗羲(1610~1695),明清之际思想家、史学家和教育学家。他反对科举制度,认为学校既是培养人才的场所,也是各级政府的监督机构,依据民主政治制度的理想,提出由大学、小学和书院构成的学校体系,教学内容注重实用,主张开设五经、兵法、历算、医射等科。著有《明儒学案》等。

五、教育的成败关乎未来——智慧闪耀的星空

最聪明的老师和徒弟，演绎泛智教育思想

泛智教育思想，由捷克教育家夸美纽斯提出，他认为，"泛智"的教育就是要"把一切事物教给一切人"。可见，泛智教育就是使所有人获得广泛、全面的知识，并且普遍发展智慧的教育。

在殷商时期，有一个学识渊博的丞相叫商容，商容品行端正，刚直不阿，经常直言犯上。纣王在遇到妲己以后，就变得荒淫无度，不问朝政，只贪图享乐。同时妲己祸乱朝纲，滥杀无辜，百姓怨声载道。看到这个情形，商容冒死上谏，指责纣王的昏庸和妲己的妖媚。

看到商容的奏章，纣王恼羞成怒，责令手下将商容拉出去打死。见上奏无效，还要被处死，商容生气地喊道："你这心迷酒色、荒淫无度的昏君，如不思悔改，不但江山不保，就连死后也无颜见列祖列宗。可叹先王栉风沐雨为子孙万代打下的江山，今天要毁在你的手里！"说罢，便朝身后的石柱上撞去。

年近七十五岁高龄的商容哪堪这致命的撞击，顿时血流如注，不省人事。纣王讨厌商容，看到他昏死过去，赶紧让人把他抬走了。商容被抬回家中，生命垂危之时，他的学生老子来到榻前问道："老师，您还有什么向弟子交代的吗？"

"你看看我的舌头还在吗？"说罢，商容张开嘴。

"当然在了。"

"那你看看我的牙齿呢？还有吗？"

"牙齿没有了。"

听到学生的回答，商容看着弟子的眼睛说："牙齿没了而舌头还在，你知道这说明了一个什么样的道理吗？"

老子是商容最得意的学生，也是最聪明的，他沉思了一会儿说："老师的意思是说，越是刚硬的东西越容易磨损，而越柔软的就越能长久。"

商容微笑着点了点头："看似简单，其实普天下许多道理几乎全在这其中了。"

这是一则流传久远，寓意深刻的小故事，体现出泛智教育的深意。

泛智教育思想包含两方面意思：一、要求人们掌握生活中一切有用的知识；二、生活中广博而有用的知识，是所有人都应该掌握的。因此，夸美纽斯指出，不分贵

贱贫富,所有人都应该进学校。

那么泛智教育思想的内容有哪些呢?

泛智教育思想的内容是认识事物、行动训练和语言优美。认识事物,即学习一切有用的知识,包括自然科学知识、社会生活及历史知识等。行动训练是指在认识事物时必须亲身实践,运用知识。语言优美,强调用语言完美地表达其知其行,还要学习其他语言。

根据泛智教育思想的内容,夸美纽斯对课程设置提出了许多具体要求:

第一,课程设置应该广泛多样化,而且要有用。

第二,课程分为三类:一类是主要课程,包括语言、哲学和神学这类课程,旨在发展学生的感觉、智力、记忆、语言、精神等;一类是次要课程,包括历史、各种练习;一类是健身课程,包括游戏、娱乐、戏剧表演等。

从课程要求出发,夸美纽斯还制订了详细的教材编写要求:知识应该包罗万象,强调在"泛智"教材中不能遗漏任何重要东西;知识应该清楚明晰,要求编写教材中的事物应该以清晰、互相依存的形式呈现,便于人们掌握;知识应该真实可靠,要求编写教材时要使用那些无可争辩的事物和语言。

另外,在教学原则和方法上,夸美纽斯也提出了具体而实用的建议。

总之,泛智教育思想是夸美纽斯在教育领域内进行的变革,因此他成为近代教育学理论的奠基者。泛智教育思想影响深远,直到今天,对教育改革仍有重要的启示意义。

小知识

玛格丽特·米德(1901~1978),美国人类学家、教育家,文化心理学派代表人物之一。她认为民族文化对塑造人格与行为模式,具有决定性作用。著有《萨摩人的成年——为西方文明所做的原始人类的青年心理研究》《新几内亚人的成长》《三个原始部落的性别与气质》《文化与承诺》等。

五、教育的成败关乎未来——智慧闪耀的星空

在荒地上种花种出一片教育资源

在长期的文明进化和教育实践中,不断创造累积的教育知识、教育经验、教育制度、教育品牌、教育理念、教育设施,以及教育费用,还有教育领域内外的人际关系的总和,共同构成了教育资源。

在南山脚下有一座寺庙,因为山高路远,且寺庙周围杂草丛生,很难有人前来烧香拜佛。即便是在黄道吉日,前来上供的人也是寥寥无几,香火非常冷清。

这天,庙里来了一个双目失明的出家人,在庙里住了没几天,就感觉到了寺庙的冷清。一天傍晚,他跟住持闲聊起来,问及寺庙为什么没有人前来烧香拜佛。住持说:"这寺庙周围破旧不堪,谁愿意到这地方来呢?怪只怪当初不该把寺庙建在这里。"

从那以后,这个盲眼的出家人就在诵经之余,拿着一把锄头在寺庙周围摸索着除草、翻地、拓荒。他的那些师兄弟们看着他每天拿着锄头在山上翻来翻去,都暗地里笑他,说他简直是个神经病。

但他并不在乎别人的讥讽,仍一如既往地拓荒、播种。冬去春来,那些荒地逐渐被修整得平平坦坦,荒草不见了,取而代之的是一排排整齐的小苗。在一个诵经的早上,那些和尚们做完早课出来时,突然发现,荒坡上竟然开满了各式各样的鲜花,鲜花争奇斗艳,还有蜜蜂和蝴蝶在上面翩翩起舞。

师兄弟们不仅再也不笑话这个失明的出家人,还帮助他一起修整荒坡。这个被人遗忘的荒坡变成了世外桃源,美丽的风景也引来了很多拜佛求缘的香客,没多久这个寺庙就变得热闹起来,每日车水马龙,香火不断。

半年以后,这个出家人要走了,住持和众和尚苦苦挽留,可是无济于事。临走时,这个出家人告诉他们说:"我不能在这里久留,因为还有很多地方跟以前的这里一样荒芜着,我要把种子带过去。"

因为一个盲眼和尚的辛勤劳作,而改变了一个寺庙破旧不堪的面貌,这个在荒地上种满鲜花的和尚就是后来备受人们敬仰的大师——心明禅师。

只要用心,荒地就会变美丽,也会变成有用的资源。

教育资源自成一体,是人类文明的精华,究其本质,教育没有高低贵贱之分,具有公共性和产业性双重属性,因此教育资源呈现多样性特色。

教育资源的分类多种多样,比如按照归属性质和管理层次,可分为国家资源、

地方资源和个人资源;按照办学层次,可分为基础教育资源和高等教育资源;按照知识层次,可分为品牌资源、师资资源、生源资源,等等。

教育资源,在具备社会资源的一般特性外,还具有自身特点:

第一,公益性。公众受益,是教育资源的特性之一,是最为集中的体现。教育是一项公益性事业,维护教育的公益性是国家和政府的责任。教育资源的投入使用是否确保公益性的维护,是制订法律时需要优先考虑的。

第二,产业性。教育不是单一的,而是一个复杂的社会结构群体。随着知识经验的丰富,教育内容和模式变化,教育的产业属性也越来越明显,成为教育的物质属性的客观反映。

第三,理想性。教育是展望未来的事业,是对理想的追求,是一种期待。孔子说:"好仁不好学,其蔽也愚;好知不好学,其蔽也荡;好信不好学,其蔽也贼;好直不好学,其蔽也绞;好勇不好学,其蔽也乱;好刚不好学,其蔽也狂。"这是好道德修养的追求。近代教育家陶行知说:"捧着一颗心来,不带半根草去。"这体现为了教育无私奉献的精神。这些无不闪烁着教育理想的光芒。

第四,继承性。教育资源不是独有的发明创造,是随着教育传承,一代代继承下来的,是古今中外教育实践经验的总结,是教育大师们的思维结晶。

第五,差异性。教育资源在不同社会环境下存在很大差异,比如师资水准差异、教师收入差异等。差异性影响教育的整体平衡发展,是制约国家教育战略实施的关键因素。

第六,流动性。教育资源的构成因素多样而复杂,因此具有不稳定性,比如生源流动、经费流动等。

小知识

克利福德·格尔茨(1926~2006),美国文化人类学者、教育家。在他最重要的著作之一《文化的诠释》中,他对于文化概念的深入探讨和诠释,包括如深层描述等概念,其影响超出人类学,涉及社会学、文化史、文化研究等方面。此外,在另一部重要著作《地方知识》中,格尔茨以实例来深入探讨人类学对于个别地区的研究所获得的种种知识,以及有何意义。

五、教育的成败关乎未来——智慧闪耀的星空

从观察研究自己孩子入手的皮亚杰,倡导著名的发生认识论

发生认识论是皮亚杰根据以他为代表的日内瓦学派对儿童心理发展的研究和其他学科有关认识论的研究,提出的一种关于认识论的理论。它试图以认识的历史、社会根源以及认识所依据的概念和"运算"的心理起源为根据来解释认识,特别是解释科学认识。

皮亚杰是享有盛誉的瑞士儿童心理学家。他的认知发展学说是20世纪对儿童教育影响最大的理论。也许很多人都不会想到,这个学说竟然是他在观察儿子成长过程中产生的。

从儿子劳伦特出生起,皮亚杰一直观察、记录着儿子的点滴变化。劳伦特五个月时,手脚动作和视线之间更加协调,于是皮亚杰拿着玩具去逗引他。劳伦特看见了玩具,伸着小手去抓,并且还不停地咿呀叫着,像是为自己助阵。皮亚杰把玩具拿开了,让儿子看不见,劳伦特便安静下来。在他的视线中玩具消失了,但他还不知道去搜寻,只是继续盯着父亲的脸庞。

以后两个月,皮亚杰多次与儿子做同一个游戏,劳伦特的表现都是一样的,只要玩具移出他的视线之外,他就不会搜寻,好像玩具已经彻底不存在了。

然而到了第七个月零十三天的时候,情况发生了变化。这次劳伦特看见了父亲手中的玩具熊,他兴奋地伸着小手去抓。皮亚杰伸手挡住了儿子的视线,不让他看见玩具熊。这下劳伦特没有像往常一样泰然处之,他似乎有些不高兴,努力尝试着拍打父亲的手,希望这只手挪开,以便他能够拿到玩具熊。皮亚杰明白了,儿子虽然看不见玩具熊,但他已经意识到"看不见的东西"依然存在。

到了十个月时,劳伦特更"精"了,他知道寻找被藏起来的东西。一天,皮亚杰给儿子买来一个小皮球,劳伦特很喜欢,从早到晚捧着它,看它滚来滚去。小皮球滚到皮亚杰的脚边,他弯下腰把球盖住,然后悄悄将球藏起来。劳伦特迅速地爬过来,用力掀开父亲的手,可是没有看到心爱的小皮球,他好困惑,一脸惊奇,明明是父亲用手盖住了,怎么不见了呢?皮亚杰分析,儿子的思维发展了,他已经具有了"客体永存性"的概念。

皮亚杰不仅观察记录儿子的成长,也同样记录两个女儿的成长过程。在对三

个孩子的观察中,他得出一致的结论——婴儿快满周岁时,才会寻找被藏起来的东西。

当然,皮亚杰还做过很多观察和记录,正是这些帮助他创立了发生认识论,也叫认知发展学说。什么是发生认识论呢?简单地说,研究知识是怎样形成和发展的,就是发生认识论。主要包括两个方面:一、知识的心理结构;二、知识发展过程中新知识是如何形成的?皮亚杰认为,新知识是连续不断构成的结果。

皮亚杰从生物学观点出发,指出认知发展的四个连续阶段分别为:零到二岁为感知运算阶段,二到七岁为前运算思维阶段,七到十一岁为具体运算思维阶段,十一到十五岁为形式运算思维阶段。

认识儿童认知发展阶段,依据每一阶段的特点进行教学,对教师来讲十分重要,只有这样才能取得希望的结果。那么影响认知发展的因素有哪些?皮亚杰认为有四个基本因素:成熟、经验、社会传递、平衡过程。这四种因素互相作用,儿童心理才得以不断超前发展。

认知发展学说在具体教育中有哪些意义,或者在皮亚杰的教育思想中代表什么呢?

第一,教育的目的是促进儿童智力发展,培养和提高儿童的思维能力和创造性。教学不是传授知识,而是促进儿童心智发展。

第二,儿童主动、自发地学习才是真正的学习。

第三,放手让儿童动手动脑探索外部世界,经由动作建构自己的知识经验体系。

第四,应该根据年龄特点施以不同教育,不要把超越儿童发展阶段的知识教育他。

第五,使儿童注意社会交往,不要以自我为中心,能够与人合作,从别人那里获得丰富信息。

小知识

巴西多(1723~1790),德国教育学家。他把养育、道德教育和智育视为全部教育,认为教育的目的在于培养有利于国家和社会的良好公民。他认为道德教育最为重要,智育则处于从属地位,曾采用自由游戏和实物教学法从事教育活动,是泛爱主义教育的主要代表和创始人。主要著作有《新方法》等。

五、教育的成败关乎未来——智慧闪耀的星空

孩子的抱怨，提醒老师注意教育学的理论性与实践性

教育学的理论性指的是教育学认知和观点具有普遍性、公理性和规律性的特点；教育学的实践性，是指教育来自于实践，并且指导教育实践的特点。兼顾理论和实践，是教育学建设和发展的方向和目标。

丽子是一位小学老师，她的班上有几位调皮的孩子一直很令她头痛。就像今天上体育课时，小强又不知道跑哪里去了。找了半天，他竟然一个人在角落旁蹲着，不知道在做什么。丽子走过去看了看，而小强面前什么也没有，就问道："你在这里做什么呢？大家都在等你。"

小强抬起头说："老师，我在听蚂蚁唱歌，你也来听听吧！"

"蚂蚁怎么会唱歌？你这孩子真是特别调皮捣蛋。"

挨了骂的小强有点委屈，他跟老师说："你又没蹲下来听，怎么知道它们不会唱歌？"

小强的质问问出了教育学中普遍存在的问题：由于不恰当地干涉，阻碍了孩子的好奇心，更扼杀了他们的创意能力。在中国昆明举办过一次美术展，就曾深刻地反映了这一问题。

有一位在美国小镇上教美术的老师，为了进行教学方面的交流，参加了昆明的美术展。当她看到那些中国孩子的绘画时，感到很惊奇，因为他们都画得非常棒。为了实地考验一下孩子们的画功，她决定以"快乐的节日"为题，让孩子们按照自己的想象作画。画很快画出来了，可是她却发现这些画都是相同的内容，都是圣诞树，为什么呢？原来圣诞节很快就要到了，教室一角正放着一棵圣诞树，孩子们自然就想到了圣诞树。她走过去，悄悄地把圣诞树遮了起来，要求孩子们再作一幅画，这时她发现孩子们作画没那么快了。他们冥思苦想，无从下笔，她观察了许久，孩子们也没什么思路，为了不让孩子们太为难，她只好装作无意识地把遮盖圣诞树的画布揭开……

教与学，不只是理论的传达和表述，需要与实践结合，这样才能真正提高一个人的全面素质发展。教育学的理论性和实践性是统一的、兼容的。

教育学是研究教育现象和教育问题，揭示教育规律，然后指导教育实践的科学，同时也是理论和实践并重的科学。

孩子的抱怨，提醒老师注意教育学的理论性与实践性

兼顾理论和实践，是教育学建设和发展的方向和目标。理论联结实际，并非只是两者简单相加，而忽视联系两者的"中介"的研究。在教学中，我们必须分清基础科学、技术科学与实际工作的区别，而且不同学科与实践的联系，也有不同范围和层次。

同时，理论本身也是有不同层次的。理论来自实践，但是丰富的实践经验不一定会自然产生理论。真正的理论是以实践为基础，加上同一层面或相近层面理论的影响，才得以产生的。如果缺乏实际内容，缺乏其他理论滋养，理论只能成为"空洞的理论"。

在教学中，为了切实履行理论联系实际的原则：一方面需要进一步提高教育理论的层次，提高科学性，以对实践的作用更为明显和规范；另一方面必须将教育理论本身进行分层，使教育学的层次多样化，并且发展教育应用技术，在理论与实践之间建构一座技术桥梁，改变理论与实践分家，或者"空对空"的现象，既要反对教条主义，又要反对经验主义。

小知识

王夫之（1619～1692），明清之际哲学家、教育学家，人称船山先生。他以唯物主义思想、社会进化论和"日生日成"的人性论学说为基础，发展了古代的"学"与"思"、"知"与"行"相结合的教育原理，提出"学思相资"的教育教学理论，以及"学思结合、两者并重"的教学方法和原则，并提倡依照儿童的特点对儿童进行教育。著有《船山遗书》等。

五、教育的成败关乎未来——智慧闪耀的星空

快乐的城堡让你看到教育学的本土化与国际化

教育学的本土化,指的是教育学在不同国度和传统下,所反映的文化特征也是不同的。教育学的国际化,指的是教育学与其他科学活动一样,作为一种"科学的"研究活动,也具有普遍性,没有文化和民族界限,因此教育学的知识成果在世界范围内是共享的。

塞尔玛的丈夫是一位驻扎在沙漠某陆军基地的军人,为了陪伴丈夫,塞尔玛也一同来到了这个基地。这天,丈夫接到命令,要随部队到沙漠中演习。丈夫走了,塞尔玛只能自己留在基地。陆军基地的房子是由铁皮做成的,像个罐头盒子,待在里面,那种闷热简直令人窒息。即便是在有阴影的地方,也依然让人难以忍受。

塞尔玛生活的地方,周围虽有几个邻居,可是她跟这些人语言不通,无法交流。因此,孤独、苦闷的塞尔玛待不下去了,她想索性回去算了,省得在这里受罪。可是当她把这个想法写信告诉父亲时,父亲只是在信里写了两句话:"有两个人同时从牢中的铁窗望出去,一个看到泥土,一个却看到了星星。"

也就是这两句话,让塞尔玛重新留了下来。

被关在监狱里的犯人都可以从窗子里看到星星,这是一种多么乐观的态度啊!相较之下自己比犯人的境遇好多了,为什么意志就没有那么坚强呢?

这个想法让塞尔玛决定改变自己现在的状态。为了从沙漠中找到自己的"星星"。她开始走出去与当地人交谈,虽然彼此语言不通,但是经过多次的交流,也逐渐懂得了对方的大体意思。塞尔玛对他们的纺织品和陶器很感兴趣,常来跟他们学习这些手艺,当地人也十分热情地教她。塞尔玛开始融入当地人的生活,她发现沙漠中有许多造型独特的植物,有会挖洞的土拨鼠,有几万年前当沙漠还是海洋的时候遗留下的海螺壳,更有令人叹为观止的沙漠日出,在人们印象中枯燥无味的沙漠,竟然有这么多不为人知的神秘与奥妙!塞尔玛十分激动,她每天最有意义的事情就是探索、发现与研究这些奥妙,并把自己对沙漠的认知和在沙漠的见闻都认真地记下来。不久,她就出版了一本以沙漠生活为主题的书,叫做《快乐的城堡》。

融入本地生活,人生发生了彻底改变,这个故事让人联想到时下流行的本土化与国际化问题。本土化与国际化表现在各个方面,在教育学中也有明显特色。

教育学发展过程中,第一位提出建立"普遍妥当教育学"理想的人是赫尔巴特,他追求教育学国际化,却遭到狄尔泰的批判。狄尔泰指出教育目的的历史性问题,乌申斯基也反对国际化,他用了大量的事实资料证明教育的民族性。我国政府在1960年代提出建设有中国特色的教育学,凸显教育学本土化特色。

那么本土化和国际化孰是孰非,又该如何摆正两者的关系呢?从教育实践来看,本土化必须建立在科学化的基础上。如今先进国家的教育学占据世界教育学中心位置,其他发展中国家处于边缘位置。所以,大胆地借鉴和吸收先进国家的教育学理论和经验,是十分自然,也是值得肯定的。然而,如果单纯地、过多地模仿,照抄照搬,不从本地实际情况出发,必然会丧失民族性和特色。

小知识

亚兰·卡甸(1804~1869),法国教育家。"通灵术"一词就是由他创造的,来自于法国日常用语,被纳入学术文献。

五、教育的成败关乎未来——智慧闪耀的星空

唤醒石狮子的同时，也唤醒了教育学的后设研究

教育学的后设问题，指的是与教育学科自身独立发展有关的一组问题，应该与"教育问题"对应。对教育学后设问题的研究，就是教育学后设研究。教育学后设研究可以间接影响教育知识的生产以及教育实践，有助于教育问题现象的分析和教育学科的建设，其结果就形成了教育学的后设理论。

苏格拉底的父亲是一位手艺高超的石器雕刻家，父亲的手很奇妙，那些本来没有生命、形态各异的顽石，经他一番精雕细琢之后，便变成一个又一个活灵活现、栩栩如生的小动物。那些小动物或仰或卧，或进食或奔跑，表情丰富，神采各异，都透出一股灵气，宛如复活了一样。苏格拉底很敬佩父亲那精湛的手艺，所以就经常蹲在父亲身旁，观察父亲雕刻作品。

一次，父亲正在雕刻一头狮子，苏格拉底又过来观看，看了半天以后他问父亲："要成为一个成功的雕刻师，最关键的是什么？"

"对一个雕刻家来说，你不是在按照特定的形状去雕刻某种动物，而是用自己的双手巧妙地把它们从石块中唤醒，也可以帮助它们从束缚中走出来。"

帮助狮子苏醒，这种高超的见解不愧为大师之言，在今天我们谈论教育学，也会谈论到教育学的某些研究活动，这种对研究活动本身存在问题的研究，叫做后设研究。后设研究是布雷钦卡最早提出的，目的不是为了增加某一学科领域的具体知识，而是为了反省该学科的研究行为，并且进一步指导该研究行为。如科学哲学、科学社会学等，都具有后设研究的性质。

教育学的后设问题是什么呢？指的是与教育学科自身独立发展有关的一组问题，应该与"教育问题"对应。对教育学后设问题的研究，就是教育学后设研究。教育学后设研究可以间接影响教育知识的产生以及教育实践，有助于教育问题现象的分析和教育学科的建设，其结果就形成了教育学的后设理论。

教育学的后设理论包括教育学的学科信念、知识构成、研究范式、教育者的生存方式等等。受反审文化尤其是分析哲学的影响，后设研究的任务在于探求检验教育理论的逻辑规则。认为教育落后的原因在于缺乏判断命题真与假的逻辑规则，导致教育概念、命题逻辑混乱。只有找到检验教育学的规则，消除逻辑毛病，教育学才能走出困境。

唤醒石狮子的同时，也唤醒了教育学的后设研究

在希腊神话中，塞浦路斯国王皮格马利翁，用神奇的技艺雕刻了一座美丽的象牙少女像，并把全部的精力、全部的热情、全部的爱恋都赋予这座雕像。爱神阿佛洛狄忒被他打动，赐予雕像生命，并让他们结为夫妻

在教育学任务影响下，有些教育家把教育形式作为研究对象，对此，布雷钦卡早就指出："后设理论不是把教育现象作为研究对象，而是把教育理论作为研究对象。"

在实践中，教育学的后设理论该如何实施呢？不少人基本采取逻辑分析法。逻辑分析法确实是后设研究的基本方法，不过由于逻辑分析法本身并不完善，加上教育学语言非常丰富，很难全部转换成逻辑符号进行运算。因此单纯采用逻辑分析法是不够的，应该在此基础上，积极发挥其他合适的方法，弥补逻辑分析的不足，比如调查法、实验法等。

总之，作为新兴的教育学理论，后设研究担负着揭露、批判教育学缺陷，为教育学发展提供思路的重任，为此，各国已经越来越重视后设研究，后设研究正在多学科视野下不断深化。

小知识

皮耶·布迪厄（1930～2002），法国著名的社会学家。著述达三百四十余种，涉及人类、社会学、教育、历史、政治、哲学、美学、文学、语言学等领域，影响遍及世界，特别是欧美知识界。主要著作有《再生产》、《离乡背井》、《区隔》、《学术人》、《艺术法则》等。

191

五、教育的成败关乎未来——智慧闪耀的星空

从远古的传说到现代
教育技术在教学中的作用

　　1970年,美国一个专业咨询机构指出:"教育技术是按照具体的目标,根据对人类学习和传播的研究,以及利用人力和非人力资源的结合,促使教学更有效的一种系统地设计、实施、评价学与教的整个过程的方法。"

　　有一则现代寓言故事非常有趣:非洲土著一直沿袭着自己独特的文化习俗和生活方式,为了争夺食物和水源及其他一些必要的生存资源,他们之间常常进行格斗。有格斗就会有伤亡,为了避免在格斗中给自己造成太大的损失,他们邀请哈佛商学校的一位教授来讲授攻略方面的知识。

　　很快,哈佛商学校就接到了土著的请柬,他们爽快地答应安排一位教授来给土著讲课。教授做好了一切准备工作,穿着得体的西装来到了土著的部落,土著也拿出了最高规格的礼仪标准来迎接商学校的教授。

　　可是讲课的第一天,就出现了问题,使得教授的课没有按预期讲下去,为什么呢?原来土著们听课时只是在私处遮盖着几片树叶,除了脖子上有一个项圈以外,全身就没有任何服装和装饰了,这就是他们待客的最高礼仪。可是来自文明之邦的教授对此极其不习惯,在讲课的时候,不仅大脑里没有一点正常的思路,而且还满头大汗,紧张不已。

　　第二天,教授觉得既然来到了此地,那么不妨就按照当地人的风俗,把自己也打扮成一个土著,这样看起来既和谐又显示出自己对土著的尊重。可是当他仅带着项圈和树叶来讲课时,却发现土著们个个穿着西装革履来听课,这样一天下来,教授又十分尴尬。

　　到了第三天,他们终于做了一次交流与沟通,土著为了表示对教授的欢迎与尊重,他们商量好全部穿上西装来听课。至此,教授的课程就得以顺利地讲解下去了。

　　从文化差异造成教学障碍,到最后达成一致,这个过程不禁令我们想到"教育技术"这一概念。教育技术最早产生在美国,如今已经影响世界各地。教育技术是在视听教育的理论和实践基础上发展起来的,走过了三个阶段。

　　第一阶段,1906年,美国一家出版公司出版了《视觉教育》一书;1923年,美国

建立视觉教育分会；1930年代后，随着无线电、录音机的运用，视听教育应运而生。"经验之塔"理论遂成为视听教育的主要理论依据。

第二阶段，1960年之后，美国视听教育协会在研讨什么是视听教育时，将视听教育改为视听传播，此时趋向采用传播学作为视听教育的理论基础。

第三阶段，由于媒体技术的发展，国际教育界普遍认为视听教育无法代表这一领域的实践和研究范畴。1970年，美国视听教育协会改名为"教育传播和技术协会"，正式定义教育技术。

教育技术的发展源于以下几个方面：视听教学推动了各类学习数据在教学中的运用；个别化教学促进以个人为中心的个性化教学；教学系统方法的发展促进教学设计学科的诞生。

从教育技术的概念和发展历程来看，教育技术具有自身特点：

首先，它不是一般的教学方法，它涵盖三种概念，即以学习者为中心、依靠资源、运用系统方法，是将三种概念综合应用于教育教学的理论与实践。

其次，教育技术重视学习资源，如学习媒体的开发、应用、管理，强调用系统的方法分析和整合"教与学"的过程。

再次，教育技术的基本实践原则是先鉴定问题，弄清问题的本质，然后根据问题的实质研究、设计解决问题的方案。

如今，教育技术已经普遍存在各种教育教学活动中，在个别化教学、小组合作教学等具体形式中，或多或少，都涉及到教育技术的内容和方法。

小知识

容闳（1828～1912），字达萌，号纯甫，广东香山县南屏村（今珠海市南屏镇）人，中国近代史上首位留学美国的学生。他是中国近代早期改良主义者，中国留学生事业的先驱，被誉为"中国留学生之父"。著有《西学东渐记》。

五、教育的成败关乎未来——智慧闪耀的星空

盲从的牛群不懂
教育学研究范式多样化

教育学研究领域复杂多变，不是一个标准、一个范式就能与之匹配的，目前存在的研究范式有人文主义的质的研究、科学主义研究、结合性研究、应用研究、行动研究、咨询研究等等。

在高原深处生活着一群野牦牛，它们头上长着两只弯弯的犄角。它们的生活很简单，每天在牦牛王的带领下翻山越岭，寻找食物，过着悠然自得的日子。

这是一个夏天的深夜，带领牦牛队伍寻找了一天食物的牦牛王饥渴难耐，想出来找点水喝。不料走到一个陡坡上，因为天黑看不见路，一脚踩空重重地摔了下去。幸好没有太大的伤害，只是一只角被摔断了，它慢慢站起来又回到了牦牛群。

第二天，大家都看见牦牛王少了一只犄角，都很奇怪，但是牦牛王觉得是自己不小心摔的，怕同伴们笑话，所以也就没跟大家解释，有问起的，它也只是笑笑而已。

牦牛王越是不说，大家越觉得蹊跷，开始私下猜测牦牛王究竟为什么少了一只角，众牦牛七嘴八舌，也没猜出个所以然来。这时一头小牦牛说话了："犀牛是这个世界上最威猛的动物，它头上只有一只角，牛王一定是崇拜犀牛的威猛，所以才学它的样子改变了自己的模样。既然牛王都改变形象了，不如我们大家都学牛王也改变形象吧！"

当晚，大家就紧急行动，纷纷把自己变成了独角。第二天一早，牛王看见大家都剩一只角了，大吃一惊，连忙问是怎么回事，这时牦牛们告诉它说："是你先变成了独角，我们才跟着也变成独角的。"

面对新情况，简单地模仿和追随，是愚蠢的做法。当代社会发展多样化，教育学不可避免受其影响，这种情况下，教育学研究应简单地模仿和追随，还是适应发展，使研究范式趋向多样化？答案自然是后者。

我们发现，研究范式趋于多样化，具体表现为以下特征：

第一，整体性与系统性。教育学研究的范式需要有辩证的思维，协调教育复杂的内外部关系。

第二，延续性与阶段性。教育学研究是持续的，而且具有各自阶段性的特点。

比如各级学校有各自的具体目标,那么它们的衔接问题、效果后显等,都属于教育学研究范围。还有教育形式的变化与发展,一些消失的教育形式重新出现,如私塾、家庭学校等,也是教育学研究内容。

第三,多元性与选择性。在实践中,不同类型的教育都有不同类型的问题,因此产生了与之对应的研究范式。随着学习型社会建设,教育形式更加多样化,那么与之对应的研究范式势必日益增加,于是多元化成为必然。在多种教育形式中选择适合的类型,就是选择性。在实践中,同一个教育问题,从不同的角度审视,基于不同的理论,完全可以采用不同的形式和方法。

第四,层次性和结构性。教育学研究有宏观、微观、中观层次之分,要协同层次问题,就必须在教育实践中建立互相理解、支持的机制,形成适宜探索的空间。同时教育学研究也有不同的层面,比如哲学层面、教育学层面、教育技术层面等,它们之间也需形成相对的层次和结构,兼顾和协调各自的优势,以免研究效果打折扣。

另外,教育学研究还有多种特征,比如稳定性与关联性、对话性与互动性等。不管怎样,研究范围多样化,是教育学发展的标志,对教育研究本身、教育质量和水平,会有更大促进作用。

小知识

孟子(前372~前289),中国古代著名思想家、教育家,战国时期儒家代表人物。他认为教育主要是为了"明人伦",受教育者能了解和遵守封建社会中的等级制度。其整个教育思想以"性善"为基础,注重"存"、"养"。著有《孟子》一书。

河神望洋兴叹，
叹出教育学的发展现状与发展前景

教育学未来发展趋势表现在六个方面：第一，教育学问题领域不断扩大。第二，教育学研究学科基础不断拓展。第三，教育学研究多样化。第四，教育学进一步分化与综合。第五，教育学与教育改革更加密切。第六，学术交流与合作日益繁荣。

连绵的秋雨使得河水暴涨，漫过了堤坝，水面变得越来越宽阔，浩浩荡荡，一片汪洋。河神见此情形兴奋不已，仿佛天下的美景尽在自己的流域之中。顺流而下，神边看美景边赞叹，觉得自己所掌管的这条河已经是天底下最大的水域了，所以也就欣然陶醉在这壮观的景色里。

顺着河流，一路来到了大海，烟波浩渺的大海一望无际，汹涌的波涛拍打着海岸，一浪高过一浪，仿佛在高歌，又仿佛千军万马在狂奔，那种浩瀚的场面让河神感受到了一种来自心底的强烈震撼。在大海面前，河神顿时收敛了自己的兴奋与狂傲，他突然发现自己是如此的无知与短浅。

俗话说"人外有人，天外有天"，在海神面前，河神道出了自己的心声，"曾经有人说孔子并不是天下最有学问的人，普天之下还有许多他不知道的事情；也有人说伯夷的高尚品德也不是最完美的，依然有其他行为更加高尚的人不为我们所知。以前我对这样的说法半信半疑，现在才明白这话有着极为深刻的道理，如果我执迷不悟地做一些坐井观天之类事情的话，将来一定会惹人耻笑。"

听完河神的话，海神开口笑了，"花儿开在春天，它永远也不知道冬天还会有飘逸的雪花；昆虫生活在温暖的夏天，它永远也不会知道冬天会有多么的寒冷；见识浅的人，有些事情讲给他们听，他们也不会懂。如今你走出了河流来到了大海，视野比原来开阔了，见闻也比原来增长了，这世界博大精深，包罗万象，有学不完的知识。见识越少的人越以为世界不过如此，而见识越多的人越知道这世界上还有更多的知识与道理，也才会更加谦虚。有点成绩就满足的表现，正是缺乏远见卓识、孤陋寡闻造成的。"

不要满足于现状，而应以宽广的眼光看问题，这是海神对河神的忠告，也是我们在教育学发展中，应该接受的现实。

目前,教育学的现状可谓丰富多彩,包容万千,实验教育学、文化教育学、实用主义教育学、制度教育学、批判教育学等等理论层出不穷,多元并列,促进教育学繁荣,也直接推动教育的快速发展变化。

然而,我们是否可以满足于教育学现状?教育学发展规律又能否容许我们满足现状呢?不能。教育学与其他事物一样,有着自身发展的规律,不会一成不变,同时我们也要积极遵循规律,适应规律,进而了解教育学发展趋势,以便更好地理解教育,发展教育。

伏案工作的伏尔泰

第一,教育学问题领域不断扩大。科技的发展,智力的开发和运用,引起了世界范围的教育新变革,自此人们对教育的认知也变得立体化。教育问题不再局限于学校教育、教学等,而是拓展到与社会的宏观关系方面、特殊儿童教育、成人和老年教育等。从多角度、全方位审视教育,会隐约发现"大教育学"开始出现。

第二,教育学研究学科基础不断拓展。教育学不断与其他学科互相渗透,在内容上更加丰富,理论上逐渐深化。

第三,教育学研究范式多样化。

第四,教育学进一步分化与综合,已不再是一门科学,而是拥有几十门分支学科的学科群,是这个学科群的总称。目前已经从教育学中分化出的学科有普通教育学、高等教育学、职业教育学、教育管理学、教学论、德育论等等,未来教育学会继续分化。

同时教育学的理论和原理将不断综合,而且教育学与其他相关学科之间也会互相综合,进而出现一系列交叉学科,如教育心理学、教育经济学、教育统计学、教育生态学等等。

第五,教育学与教育改革更加密切。随着社会变化,教育学实验将大量出现,探讨教育改革、积极进行教育变革,将成为教育学的重点现象。

第六,学术交流与合作日益繁荣。在全球化影响下,国际教育交流与合作不断加强。比如人才全球化流动、国际化网络交流、国际学分与学位的互认等,届时,一个世界性的教育趋势将会出现。

五、教育的成败关乎未来——智慧闪耀的星空

小天使的赞语，提醒我们教育应该现代化

教育现代化，是当代社会一个重要的课题，是指用现代先进教育思想和科技武装头脑，逐步改变教育思想观念，提高教育内容、方法和手段，以及教育条件、学校设备，使之达到世界先进水平，进而培养出适应国际需求的新型劳动者和高素质人才的过程。

"全市人民注意了，三天以后，将有一个强烈台风登陆，希望大家做好相关的安全防范措施，尽量减少外出的时间和次数。"

台风即将来临，接到气象台的预报，所有的人都投入到安全预防工作中去了，政府开始筑高堤坝，百姓们则开始收拾东西，加固阳台护栏，将花盆搬进室内，储存食物、蔬菜和水，以及一些药品和手电筒、蜡烛等。扬扬的妈妈一边忙碌着，一边嘟囔着："这该死的台风，每次都会让我忙上好几天。"

妈妈在埋怨台风，可是扬扬却在屋子里兴奋地跑来跑去。

"妈妈，我一点也不讨厌台风。"

"你这孩子真不懂事，台风把农民辛苦种的庄稼都淹没，把海上航行的巨轮都掀翻，把大树刮倒，把电线刮断，害我们不能做饭、不能看电视，甚至不能写作业，你怎么会喜欢台风呢？"

"妈妈还记得上次台风来时就停电了吗？"

"当然记得，我还点了蜡烛。"

"我也记得，因为蜡烛是我出去买的，我在屋子里点上蜡烛，然后端着蜡烛满屋子跑，你说我拿着蜡烛的样子像个小天使。"说着，扬扬脸上又露出了幸福而喜悦的笑容，仿佛依然沉浸在妈妈的赞美之中。

听了扬扬的话，妈妈顿时放下了手上的工作，蹲下身子把扬扬抱在怀里，亲了亲她的小脸说："孩子，不管台风来不来，不管你有没有蜡烛，你永远都是妈妈的小天使。"

女儿的渴望，与母亲所思所想根本不是一回事，这种无处不在的现象，提醒所有教育者多关注孩子、倾注爱心的同时，还提醒他们想到教育的现代化问题。如果一味沉浸在过去，沉浸在陈旧的思维中，必然不可能与孩子达成沟通，形成良好的

教育学现象。

教育现代化的具体内容包括教育观念现代化、内容现代化、教育装备现代化、师资现代化等，具有终生化、个性化、国际化、普及化、信息化特色。

教育现代化，意义非同一般，它是一个国家教育发展高水平的体现，是对传统教育的超越，是一种教育整体转换的运动，亦是实现人的现代化的方法。

赞美是家庭教育的一剂良药

实施教育现代化，具有自身的特征：

第一，强调教育与劳动结合，重视科技与人文结合。

在传统教育中，普遍重视文化和知识，轻视经济效益，认为教育不是社会再生产体系的内在环节。教育现代化打破这一陈腐观念，把教育纳入社会再生产体系中，认为教育是现代化大生产的组成部分，教育是生产性投资。所以，教育现代化要求不管在数量、发展、质量、课程编排、教材内容上，都与现代生产的要求相适应。

第二，教育现代化是一个多样化的、开放式的大系统。

教育现代化是开放的，打破了过去学校教育的体系，面向全社会招生，扩大教育场所。

教育现代化的开放性还表现在考核方式和评价标准上，向社会经济效益、实践效益开放。教育经费的来源向多渠道开放，而不是单一的政府拨款。

总之，开放式办教育，在信息上加大交流，是现代化趋势。

小知识

亚伯拉罕·马斯洛(1908～1970)，美国著名的社会心理学家、人格理论家和人本主义教育学家。他坚信人有能力造出一个对整个人类及每个人来说是更好的世界，有能力使自己的潜能和价值达到自我实现。在心理学和教育学上，他的最大贡献在于他的"需要层次理论"和"自我实现理论"成为人本主义心理学最重要的理论之一。主要著作有《动机论》、《自我实现的人》、《动机与个性》、《科学的心理学》等。